Fritz Schöne

Ratschläge für die Hühnerhaltung

Mit 193 Zeichnungen von Roland Beier
und 97 Farbfotos von Siglind Grätz

Neumann Verlag   Leipzig · Radebeul

Schöne, Fritz:
Ratschläge für die Hühnerhaltung/
Fritz Schöne.
Mit Zeichn. von Roland Beier
u. Farbfotos von Siglind Grätz.
– 2. Aufl. – Leipzig; Radebeul:
Neumann Verlag, 1988.
– 176 S.: 290 Ill. (z. T. farb.)
          ISBN 3-7402-0005-7
          Best.-Nr. 799-095-3

ISBN 3-7402-0005-7

2. Auflage 1988
© Neumann Verlag Leipzig · Radebeul 1986
VLN 151–310/142/88   LSV 4469
Lektor: Dr. Manfred Geyer
Gestaltung: Petra Matzke
Printed in the German Democratic Republic
Gesamtherstellung: Druckerei Volksstimme
Magdeburg
Bestell-Nr. 799 095 3

01980

Inhalt

Vorwort

Für den Hühnerhalter und Hobbyzüchter ist in den letzten Jahren nur wenig Literatur erschienen. Anliegen dieses Ratschlagbuches ist es, allen denen zu helfen, gesunde und leistungsfähige Tiere heranzuziehen, die Hühner als Freizeitbeschäftigung halten oder halten wollen. Die Ratschläge fußen auf den praktischen Erfahrungen, die ich in 30 Jahren Zucht von Hühnern der verschiedensten Rassen sammeln konnte. Das Buch ist kein Lehrbuch. Wer sich mit den wissenschaftlichen Grundlagen der Hühnerzucht beschäftigen will, muß zu Spezialliteratur greifen, die allerdings thematisch und quellenmäßig sehr verstreut ist. Ein Standardwerk für die Hühnerzucht fehlt noch immer. Das wird verständlich, wenn man die Leistungssteigerung in der Hühnerzucht, die schon allein durch die Veränderungen in den Haltungsmethoden und der Fütterungstechnik zustande kam, berücksichtigt. Um so wichtiger ist es geworden, daß jeder Geflügelzüchter und -halter notwendige Kenntnisse über die Lebensvorgänge im Tierkörper besitzt, über zweckmäßige Fütterung und Haltung Bescheid weiß und von vornherein alle negativen Faktoren, die das Wohlbefinden und damit die Leistungsfähigkeit der Tiere beeinträchtigen können, ausschalten kann. Es werden in diesem Buch auch Hühnerrassen behandelt, die nur noch selten zu sehen, ja oft sogar vom Aussterben bedroht sind. Wer Rassen hält und züchtet, die auszusterben drohen, erhält nicht einfach nur seltene Rassen, er bewahrt zugleich vielfach ein Stück Kulturgeschichte der Hühnerzucht.

Das kann für künftige Züchtungen von ausgesprochen praktischer Bedeutung sein, denn solche Rassen stellen zugleich Gen-Reserven dar. Die Notwendigkeit der Arterhaltung von Wildtieren ist allgemein anerkannt, die Erkenntnis, daß sie auch für die Erhaltung von Kulturrassen gilt, kann noch nicht überall vorausgesetzt werden. Gerade hierbei kann der Hobbyzüchter einen wichtigen Beitrag leisten.

Leider verbinden sich in der Vorstellung vieler mit dem Wort »Hühner« nur die Begriffe Eier und Fleisch. Dieses Ratschlagbuch will aber auch auf die Schönheit des Tieres und auf das Interessante in der Zucht aufmerksam machen und nicht zuletzt die Liebe zum Tier anregen. Es soll ein Anstoß dafür sein, sich mit den Eigenschaften des Huhnes umfassend zu beschäftigen, und es will der Hühnerzucht neue Freunde gewinnen.

Das Fotografieren von Hühnern ist schwieriger, als es sich mancher vorzustellen vermag, und erfordert viel Geduld. Der Fotografin, Frau Siglind Grätz, sei an dieser Stelle deshalb ein besonderes Dankeschön gesagt. Die informativen, aber oft auch unernsten Zeichnungen des Grafikers Roland Beier unterstützen den Text und sollen zugleich verdeutlichen, daß Hühnerhaltung und Hühnerzucht nicht nur Arbeit, sondern auch Spaß machen.

Bei der Arbeit an dem Buch haben mich viele durch Hinweise, durch Mitteilungen eigener Erfahrungen, durch Hilfsbereitschaft bei den Aufnahmen besonders seltener Rassen, aber auch Stallanlagen unterstützt. Ihnen sei an dieser Stelle besonders gedankt. Besonders zu danken habe ich für schriftliche Unterstützung von Herrn Walter Marx und Herrn Dr. Carl-Heinrich Engelmann. Für die kritische Durchsicht des Manuskriptes und konstruktive Hinweise danke ich vor allem Frau Dr. med. vet. Annemarie Glöckner, Frau Dr. med. vet. Claudia Geißler und Herrn Horst Nawoi.

Sebnitz, Juni 1985   Fritz Schöne

Warum halten wir Hühner?

Am Anfang eine Warnung: Alle Arbeit und Mühe ist verloren oder wird doch nur den halben Erfolg bringen, wenn keine Liebe zum Tier vorhanden ist. Das ist das A und O. Wer Liebe zum Tier mitbringt und die Lust, mit Tieren umzugehen, und dann noch die Erfahrungen anderer nutzt, wird in der Hühnerhaltung Erfolg haben.

Hühner werden schon seit vielen Jahrhunderten gehalten. Für einen Vorfahren unseres Haushuhnes hält man das Bankivahuhn. »Angesichts der heutigen Vielzahl der Rassen und der sich extrem gegenüberstehenden Typen verzwergter und riesenhafter Formen mit bald reicher, bald knappster Befiederung hat die Frage nach der Entwicklung speziell des Haushuhns die Züchter wie Wissenschaftler be-

in verschiedene Richtungen weiter verbreitet haben. Die ersten Haushuhnrassen stammen unzweifelhaft aus Indien. Interessant ist, daß in Ägypten schon 500 vor der Zeitrechnung die künstliche Brut bekannt gewesen sein soll und mit unterschiedlichem Erfolg betrieben wurde.

Die Zähmung der Hühner jedoch mag viel früher vollzogen worden sein. Dazu gaben wohl zunächst wirtschaftliche Erwägungen den Anstoß; Hühnerfleisch ist eßbar. Einen weiteren Nutzwert der Tiere aber erkannte man erst allmählich: die Eier! Sie waren zuerst fast ausschließlich für die Erzeugung der Nachzucht bestimmt und wurden erst später im größeren Umfange für den menschlichen Genuß verwandt. Man hatte bald bemerkt, daß die Tiere,

schäftigt. Übereinstimmung besteht darin, daß unter den Wildhühnern Asiens das Bankiva- oder rote Dschungelhuhn Gallus gallus gallus (L.) mit seinen drei Unterarten ..., die Hauptrolle gespielt hat.« (Engelmann 1975)

Von seiner Heimat Indien aus soll das Haushuhn ungefähr um 1400 vor der Zeitrechnung nach China gelangt sein und sich von dort aus

denen man ihre Gelege wegnahm oder die sonst ihrer Nachzucht verlustig gingen, nochmals mit dem Legen begannen. Indem man nun die Eier der gezähmten Tiere wiederholt entfernte, regte man allmählich eine Legeleistung an, die durch züchterische Selektion und günstige Haltungsbedingungen im Laufe der Jahrhunderte bis zu den heutigen Ergebnissen gesteigert wurde. Ursprung der Hühnerhaltung war das Streben nach Leistung und wirtschaftlichem Nutzwert. Der Mensch war es, der durch Auslese Tiere heutiger Leistung züchtete. Er kreuzte Rassen und Wildarten und schuf damit neue Rassen. Ebenso entstanden durch Mutationen Rasseeigentümlichkeiten, die dann züchterisch gefestigt wurden. Das waren später nicht nur mehr hohe Legeleistungen oder ein großes Schlachtgewicht, auch die Schönheit der Tiere oder auffallende Körpermerkmale und Verhaltensweisen regten die Züchter zur weiteren Arbeit an. Aus der wirtschaftlichen Tierhaltung entwickelte sich eine Liebhaberei. Neben Hunderassen gab es nun auch Hühnerrassen, die mit leidenschaftlicher Begeisterung herausgezüchtet wurden. Ein Teil der Hühnerzucht wurde ein Problem der Ästhetik und damit des Geschmacks. In jahr-

hundertelanger Arbeit schuf sich der Mensch auf diese Weise mit den Haushühnern sehr viel Schönes und Nutzbringendes. Insgesamt gibt es rund 85 Hühnerrassen. Jeder Spezialzüchter ist der unerschütterlichen Meinung, daß seine Art besonders schön ist.

Hühner werden aus den unterschiedlichsten Gründen gehalten:
»Einesteils der Eier wegen,
welche diese Tiere legen;
zweitens: weil man dann und wann
einen Braten essen kann;
drittens aber nimmt man auch
ihre Federn zum Gebrauch
in die Kissen und die Pfühle,
denn man liegt nicht gerne kühle.«
(Wilhelm Busch)

Häufig ist allein die Freude an der Tierhaltung, die Tierliebe der Grund und nicht nur die nüchternen Erwägungen der eben zitierten Witwe Bolte. Die Zahl der Hühner, die gehalten werden, ist recht unterschiedlich. In vielen Fällen wird sie den Rahmen eines Kleintierhalters, der die eigene Familie mit Eiern und Fleisch versorgen will, nicht überschreiten. Häufig werden jedoch auch über den Eigenverbrauch hinaus noch Eier und Geflügelfleisch verkauft.

Eier und Hühnerfleisch – gesunde Nahrung

Das Ei soll ein intensiv gelb gefärbtes Dotter haben, gut im Geschmack und frisch sein. Der Geschmack der Eier ist weitgehend von der Art des Futters abhängig. Günstig wird er durch Milcherzeugnisse beeinflußt. Außerdem erzielt man durch Verfüttern frischen, jungen Grüns, Auslauf auf gut gepflegten Wiesen und Weiden mit artenreichem Pflanzenwuchs und durch Beimischung von Grünmehl ins Futter dunkeldottrige Eier, die von den Hausfrauen immer bevorzugt werden. Ungünstig beeinflußt wird der Geschmack der Eier durch sehr fetthaltiges und altes Fischmehl, durch verdorbenes Futter und durch schlechtes Wasser. Auch der Ablageort der Eier, ihre Aufbewahrung sowie die Verpackung können ihren Geschmack beeinflussen. Eier sollten immer möglichst frisch verbraucht werden. Ihr ernährungsphysiologischer Wert ist dann am höchsten. An der Größe der Luftblase kann man leicht erkennen, wie alt das Ei ist. In frischen Eiern ist sie klein, etwa 5 mm im Durchmesser. Mit der Zeit der Lagerung wird die Luftblase größer. Die beste La-

gertemperatur für Eier, die im Haushalt verbraucht werden sollen, liegt zwischen 2 bis 8 °C. Das Konservieren der Eier als Wintervorrat kann auf verschiedene Weise erfolgen. Entweder werden sie mit Konservierungsmitteln, z. B. dem altbewährten Garantol, mit Garanta oder Kalkwasser eingelegt oder in Kühlhäusern mit einer relativen Luftfeuchtigkeit von 78 bis 83 % und einer Temperatur zwischen −1 und +1 °C vor dem Verderben bewahrt (Grasenack 1981). Vor der Konservierung müssen die Eier durchleuchtet werden. Befruchtete Eier lassen sich nicht lange Zeit konservieren. Sie faulen leicht und verderben den Geschmack anderer Eier. Eier werden roh, gekocht und gebraten gegessen, aber auch zur Herstellung von Backwaren sowie Likören verwendet.

Geflügelfleisch wird wegen seiner leichten Verdaulichkeit und Schmackhaftigkeit als Krankenkost bevorzugt. Ob Geflügelfleisch zart, zäh, trocken ist oder einen Nebengeschmack hat, hängt von der Rasse, dem Alter der Tiere und auch der Fütterung ab. Am besten schmeckt das Fleisch von Jungmasthähnen oder auch von Tieren bis zu einem Alter von einem Jahr. Ältere Tiere sind häufig nicht so schmackhaft und müssen vorbehandelt werden. Sie werden vorgekocht und erst danach gebraten. Oftmals werden ältere Tiere zu Fleischsalaten oder Frikassee verarbeitet. Wie erkennt eine Hausfrau nun ein älteres Tier? Dazu gehört etwas Erfahrung. Das Alter ist nur an der Verhärtung des Brustbeines feststellbar. Je härter der Brustbeinkamm und das Ende des Brustbeines ist, um so schwerer löst sich das Fleisch und um so älter ist das Tier.

Hühner können in Ausnahmefällen bis etwa 12 Jahre alt werden. Die Legeleistung nimmt nach dem 5. Jahr rapid ab, und die Tiere verdienen dann kaum mehr ihr Futter. Bevor Geflügel geschlachtet wird, sollte es einen Tag hungern, damit Magen und Därme entleert sind. Es ist Tierquälerei und durch Gesetz in vielen Ländern verboten, Tiere ohne vorherige Betäubung zu schlachten. Der Kleintierhalter wird das Tier mit einem Rundholz kräftig auf den Hinterkopf schlagen. Die Industrie betäubt die Tiere elektrisch. Danach wird das Tier entweder durch einen Schnabelstich oder durch einen Schnitt in die Halsschlagader getötet. Beim Schnabelstich werden mit einem zweischneidigen Messer durch den geöffneten Schnabel die Schlagadern am Gaumenrand auf der linken und rechten Seite des Kopfes aufgeschnitten. Das Messer wird dann durch die Gaumenspalte zum Gehirn geführt. Das Tier ist sofort tot.

In manchen Gegenden wollen die Hausfrauen die Schnittwunde als Zeichen dafür sehen, daß das Tier nicht verendet ist. Deshalb wird das Tier mit einem Schnitt durch die Halsschlagader getötet. Oft wird sogar der gesamte Kopf abgetrennt, zumal dieser sowieso nur selten in der Küche Verwendung findet. Von größter Bedeutung ist, daß das Tier vollständig ausblutet, sonst färbt sich die Haut tiefrot. Nachdem das Tier geschlachtet ist, oft noch während des Ausblutens, beginnt man das Tier schon zu rupfen. Geflügel kann trocken, aber auch gebrüht gerupft werden. Will man die Federn verwenden, so sollten sie in trockenem Zustand gerupft werden, zuerst die Federn der Körperflanken und dann erst die Flügel sowie Schwanzfedern. Werden die Tiere gebrüht, ist die Temperatur des Brühwassers vom Alter der Tiere abhängig: Alttiere brauchen 68 bis 72 °C,

Jungtiere 58 bis 62 °C. Ist das Wasser zu kalt, so lassen sich die Federn nur schwer lösen. Viel schlimmer ist jedoch zu heißes Wasser, denn man entfernt mit den Federn zugleich die Haut mit. Der Schlachtkörper wird dadurch unansehnlich.

Nachdem man noch einmal überprüft hat, ob das Tier sauber gerupft ist, entfernt man die Därme. Man vergrößert vorsichtig die Kloakenöffnung und zieht aus ihr die Därme, die Leber und den Magen heraus. Dann entfernt man vom Kopf her Kropf und Schlund. Das Nutzfleisch bleibt übrig.

Das geschlachtete Tier wird danach brat- oder kochfertig gemacht, Flügel und Innereien werden gesondert abgepackt bzw. verbraucht. Wird das Fleisch nicht alsbald verbraucht, verpackt man es am besten in Portionsstücken, je nach Familiengröße, in Kunststoffbeutel möglichst geringer Wasserdurchlässigkeit. Danach wird das Fleisch 24 Stunden lang bei ca. −32 °C »schockgefroren« und kann dann weiter bei einer Temperatur im Minusbereich von −18 °C längere Zeit gelagert werden. Hähnchen haben z. B. eine Haltbarkeitsdauer zwischen 4 und 6 und Suppenhühner von 7 bis 9 Monaten, ohne daß die Qualität darunter leidet. So besteht die Möglichkeit, eine größere Zahl von Tieren auf einmal zu schlachten und über längere Zeit zu bevorraten.

Wie ein Ei entsteht

Bei der Geburt enthält der Eierstock einer kleinen Henne 3000 bis 4000 Eifollikel (Eizellen). Der Eierstock eines jungen Huhnes ist ein flaches Gebilde, beim erwachsenen Tier ist er traubenförmig. Bei erwachsenen Hühnern, die die Legereife nicht erreicht haben, ist der Eierstock nicht traubenförmig entwickelt. Ein Eifollikel braucht zu seiner Entwicklung im Eierstock 10 bis 14 Tage. Etwa alle 24 bis 36 Stunden fällt ein reifes Follikel vom Eierstock in den Eitrichter und wandert über den Eileiter in den Eihalter, in dem es sich etappenweise in 18 bis 22 Stunden zum fertigen Ei weiterentwickelt. Des-

Durchleuchten sind die Blutgerinnsel als dunkle Punkte zu erkennen. Das Ei ist trotzdem für den Verzehr voll geeignet, auch wenn es manche deshalb nicht mögen.

Die leeren Schalen sollte man trocknen, sterilisieren und besonders im Winter den Tieren wieder zufüttern. Leider werden sie oftmals, ohne zu überlegen, in den Abfallkübel geworfen. Die Schale, die etwa 10% der Gesamtmasse ausmacht, setzt sich nach Brandsch (zit. nach Hartmann 1978) zusammen aus: 93,0% Kalziumkarbonat, 1,1% Magnesiumphosphat, 1,0% Kalziumphosphat sowie 1,6% Wasser,

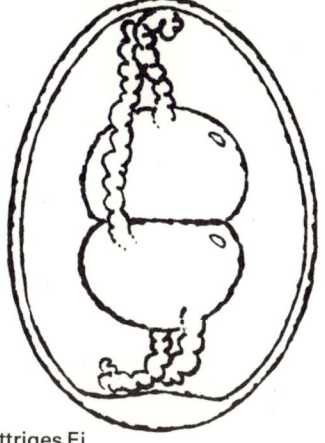

doppeldottriges Ei

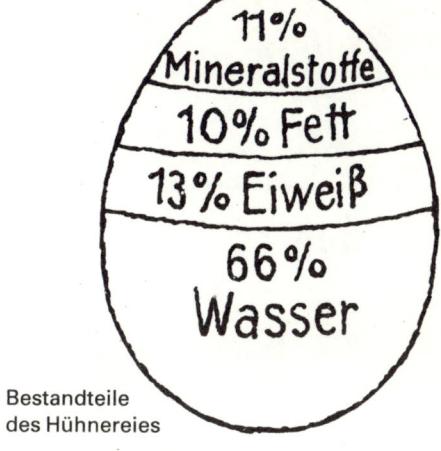

Bestandteile
des Hühnereies

halb kann das Huhn normalerweise nur 1 Ei je Tag legen. Das nun fertige Ei wandert im Legedarm in Richtung Kloake, durch die es, meist mit dem stumpfen Ende voran, gepreßt wird. Abweichungen von der normalen Form, der stofflichen Zusammensetzung und der Größe können vorkommen. Es gibt verschiedene Ursachen für abnorme Eier. Fließeier besitzen keine Kalkschale. Übergroße doppeldottrige Eier treten auf, wenn sich zwei Follikel zugleich vom Eierstock lösen. Dotterlose Eier nennt man Spareier. Sie bestehen nur aus Eiklar und sind deshalb minderwertig. Bluteier können durch geplatzte Gefäße im Eileiter entstehen. Beim

3,3% Eiweißstoffen und Spuren von Fett. Kalzium ist der wichtigste Bestandteil. Eine Henne benötigt davon für die Eierproduktion im Jahr etwa 350 g. Das zeigt uns, daß wir den Tieren etwas Gutes tun, wenn wir Eierschalen an sie verfüttern. Wir regen sie damit an, wieder neue starkschalige Eier zu erzeugen. Ein Mangel an Kalzium beeinträchtigt nicht nur die Schalenqualität, sondern auch Leistung, Gesundheit und Lebenskraft der Tiere.

Das Dotter des Hühnereies besteht zu etwa der Hälfte seines Gewichtes aus Wasser, rund 20% sind Fette, etwa 10% Lezithin, 15% Proteine, der Rest Mineralstoffe.

Die naturgemäße Haltung der Tiere

Als Robert Oettel 1852 den ersten »Hühnerologischen Verein« in Görlitz gründete, war die wirtschaftliche Verbesserung der vorhandenen Landhuhnschläge eines seiner wichtigsten Anliegen. Er prägte den Satz: »Züchtet rein und züchtet echt.« Denn nur erblich einheitliche Rassen haben einheitliche Eigenschaften. Um dieses Ziel zu erreichen, ist es unerläßlich, daß man ein übersichtliches Zuchtbuch über alle vorhandenen Merkmale führt.

Die ökonomische Bedeutung der Geflügelzucht wuchs in den letzten 100 Jahren enorm an. Mit Beginn des Wettlegens 1911 in Neuß wurde der Grundstein für hohe Fleisch- und Eierleistung

Die Menschen längst vergangener Epochen waren bemüht, möglichst viele wild lebende Tierarten für sich nutzbar zu machen. Darunter waren auch wild lebende Hühnerarten. Nach ihrer Eingewöhnung als Haustiere war man anfangs mit der Legeleistung zufrieden, die ihrer früheren Umwelt entsprach. Nach einiger Zeit stellte man aber fest, daß die Tiere eines geschützten Aufenthaltsortes besser legten und gesünder waren.

12

bei unseren Hühnern gelegt, wenn man auch um diese Zeit nur die Stämme auf ihre Legeleistung prüfte und deshalb so manche schlechte Henne von ihren Stammesmitgliedern, die sehr gute Legeleistungen brachten, mit »durchgeschleppt« wurde. Etwa 1920 begann man mit der Einzelkontrolle der Hennen mit Hilfe der verschiedenen Formen der Fallnester. Erst jetzt wurde den Geflügelzucht betreibenden Landwirtschaftsbetrieben deutlich, welche Leistungen man von einzelnen Hennen und Geschwistergruppen erreichen kann.

Durch Veröffentlichung von Standards und Hinweisblättern, die vom Begründer der deutschen Rassegeflügelzucht Robert Oettel regelmäßig verschickt wurden, wurde die Herauszüchtung besonderer Rassemerkmale gefördert. Der Erfahrungsaustausch war auch damals schon die billigste Investition. Aber man kam von einer naturgemäßen Haltung fast gänzlich ab, obwohl man schon erkannt hatte, daß das Huhn sehr viel Sauerstoff und Frischluft benötigt und der Stall entsprechend eingerichtet werden muß. Feuchte Kälte ist das größte Gift für unsere Hühner.

Ich möchte das an einem Beispiel verdeutlichen. In einer Hühnerzucht wurde ein vorbildlicher Typenstall errichtet. Aus Unkenntnis blieben im Winter die Stallfenster und Luftklappen fest verschlossen, und im Stall wurden einige

Infrarotstrahler aufgehängt, damit es die Hühner nicht zu kalt hätten. Die Folge war eine hohe Luftfeuchtigkeit im Stall. Decke, Wände und sämtliche Holzteile der Inneneinrichtung überzogen sich mit einer Schimmelschicht. Die Einstreu war naß und verschimmelt. Eine solche Umwelt bietet optimale Bedingungen für die Verbreitung von Schimmelpilzerkrankungen, den ansteckenden Schnupfen und andere

Krankheiten. Mehr als die Hälfte der Tiere erkrankte, die Legeleistung sank stark ab. Eine recht mühevolle Behandlung der Tiere war erforderlich.

Man sollte sich immer vor Augen halten, daß die Hühner früher wild lebende Tiere in lichten

13

Buschwäldern waren und sollte den Möglichkeiten entsprechend eine naturgemäße Haltung anstreben. Die wichtigsten Grundlagen
einer naturgemäßen Haltung sind vor allem
Licht, Luft und Sonne. Besonders sollten im
Sommer an Stelle der Fenster im Stall Drahtrahmen eingesetzt werden, damit die Tiere an
der Luft sitzen können. Kühles und frisches
Wasser sowie genügend Schatten müssen den
Tieren angeboten werden. Eine naturgemäße
Fütterung mit Sämereien und Grünzeug, aus-
reichenden Vitaminen, wie sie die Tiere in der
freien Natur finden würden, Insekten und ihren
Larven als Zusatzfutter, lassen gesunde und lei-
stungsfähige Tiere heranwachsen, auf die der
Züchter stolz sein kann. Aber diese Futtermittel
können nicht kontinuierlich über das ganze
Jahr angeboten werden, deshalb ist auch die
Legeleistung nicht kontinuierlich. Durch
Zusatzbeleuchtung, Heizung und durch fertige
Futtermischungen wurde die natürliche
Lebensweise der Hühner so verändert, daß ihre
Leistungen das ganze Jahr über kontinuierlich
sein können.

Hühnerställe und ihre Einrichtung

Ein guter Stall, der auch sachkundig bedient wird, ist das wichtigste für den Erfolg einer Hühnerzucht. Wer mit der Hühnerzucht oder Hühnerhaltung beginnen möchte, dem rate ich als erstes, gute Stallanlagen und gute Ausläufe zu bauen. In den verschiedenen Entwicklungsepochen der Tierhaltung wurden die Hühner in den unterschiedlichsten Unterkünften gehalten, bis man die effektivste Form der Stallhaltung gefunden hat. Das wichtigste bei der Stallhaltung ist, gleich um welchen Typ es sich dabei handelt: Licht, Luft und Sonne, das brauchen Hühner, wenn sie gut gedeihen sollen. Schöne Hühner brauchen praktische Stallungen und gesunde Ausläufe, dann wird der Hühnerfreund an seinem Hobby, an den Tieren Freude haben.

Hühnerställe sollen immer trocken, hell, luftig, jedoch zugfrei sein. Wir unterscheiden zwischen Kalt- und Warmställen. Kaltställe sind für die Haltung von Junghennen und auch Legehennen im Sommer geeignet. Die raumumschließenden Bauteile dienen lediglich dem Schutz vor Raubtieren und Witterungseinflüssen und haben keine wärmedämmenden Aufgaben zu erfüllen. Die Umfassungswände sind an den der Hauptwindrichtung abgewandten Seiten ganz oder teilweise geöffnet. Für diese Ställe benötigen wir wenig Material, sie sind schnell auf- und abzubauen, und man kann hier auch die Größe des Auslaufes etwas variieren.

Warmställe werden bevorzugt gebaut, um die Legeleistung und das Wohlbefinden im Winter zu begünstigen. Die raumumschließenden Bauteile sind so auszulegen, daß während der kalten Jahreszeit im Stallraum ohne zusätzliche Heizung erheblich höhere Temperaturen als im Freien gehalten werden können. Das setzt wärmedämmendes Baumaterial und die richtige Anlage von Lüftungsöffnungen voraus. Warmställe werden als leichte Fachwerkbauten oder als Mauerwerk errichtet.

Bevor Sie mit dem Bau eines Stalles beginnen, müssen Sie prüfen, ob Ihr beabsichtigtes Bauvorhaben genehmigungspflichtig ist. Darüber geben die Räte der Städte und Gemeinden bzw. die Bauämter der Kreise Auskunft. Genehmigungsfrei sind in jedem Falle kleine transportable oder stationäre Tierunterkünfte, die vornehmlich aus Holz bzw. Platten ohne festes Fundament gebaut werden.

Als Standort ist ein windgeschützter sonniger und trockener Platz auszuwählen, der durch einen Weg zu erreichen ist und im Idealfall Anschluß an Strom und Wasserversorgung hat. Der Stall sollte inmitten des Auslaufes liegen, damit die Tiere den Auslauf gleichmäßig benutzen. Die Fläche, die unmittelbar an den Stall angrenzt, wird in kurzer Zeit kahl sein, denn hier halten sich die Tiere am häufigsten auf. Die Fensterfront ist nach Süden oder Südosten zu orientieren. Dadurch kann die Sonne auch im Winter noch zur Erwärmung und Trocknung beitragen. Die Tiere legen sich im Winter bei Sonnenbestrahlung unmittelbar hinter die Scheiben und lassen sich erwärmen. Bei der Fachwerkbauweise werden die Stürze, Streben und Riegel aus Holz auf der Baustelle zugeschnitten und als tragendes Skelett auf dem Sockelmauerwerk aufgesetzt. Nach dem Einlegen von Sperr- und Dämmschichten in das Skelett werden die Wände innen und außen glatt verputzt und gekalkt. Zwischen die Sparren des Daches sollten ebenfalls entsprechende Dämmschichten eingebaut werden, bevor Schalung und Dachhaut aufgebracht werden. Besonders bewährt haben sich Aluminiumblech oder Asbestzementplatten als Eindeckung. Für die Mauerwerkbauweise können außer Ziegeln noch eine Vielzahl anderer geeigneter Bauelemente, wie Silton oder Schlackebetonsteine verwendet werden. Wer nicht selbst bauen will, sollte einen der im Handel angebotenen Typenställe kaufen.

Der Fußboden der Hühnerställe muß feuchtigkeitsabweisend, fäulnissicher und recht widerstandsfähig sein. Er darf aufsteigende Bodennässe nicht aufnehmen, denn ein Stall wird ohnehin sehr schnell feucht. Der Fußboden muß sich leicht säubern und desinfizieren lassen. Winkel, Ecken und Löcher erschweren die Reinigung und können Brutstätten für Parasiten bilden.

Die Ställe erhalten glatte Wände aus Mörtelputz, damit sie sich ebenso wie der Fußboden leicht reinigen und desinfizieren lassen. Alle Einrichtungsgegenstände sollen ohne Schwierigkeiten herausgenommen und demontiert werden können, damit bei der ein- oder auch zweimaligen Großdesinfektion und Säuberung im Jahr nicht erst größere Baumaßnahmen erforderlich werden.

Zur Einrichtung gehören neben der Be- und Entlüftungsanlage noch einige wichtige Gegenstände. Da ist zuerst der Kottisch zu nennen, den es in den verschiedensten Ausführungen gibt: einmal als glatter Tisch, von dem möglichst täglich der Kot entfernt wird, zum anderen als mit Kotgrube versehenen Tisch, über den die Tiere auf Drahtrosten laufen und nachts darüber auf den Stangen sitzen. Der Kot fällt

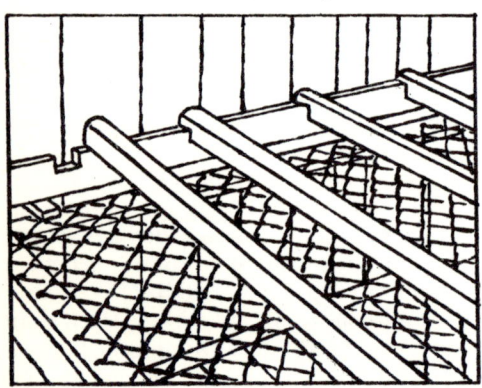

vorbildliche Sitzstangen über einem Kotbunker

durch diese Roste in die Kotgrube, in der er sich sammelt. Erst wenn diese Grube voll ist, wird sie entleert. Kottische mit Grube sollten mindestens einmal in der Woche mit ungelöschtem Kalk bestreut werden. Die Maschenweite des Drahtes sollte nicht kleiner, aber auch nicht größer als 4 bis 6 cm sein. Viel Kot im Stall bringt zusätzliche Luftfeuchtigkeit, die unerwünscht ist, deshalb empfiehlt es sich, in jedem Falle den Kot einmal am Tage zu entfernen. Es wird empfohlen, den Kottisch zwischen 60 bis 70 cm über dem Fußboden einzubauen. Dann kann der Raum un-

ter dem Kottisch noch als Scharraum genutzt werden.

Die Sitzstangen werden etwa 30 bis 40 cm über dem Kottisch angebracht. Wichtig ist dabei, wenn mehrere Stangen hintereinander angebracht werden, daß alle auf einer Höhe liegen, sonst gibt es zuviel Streit um die höchste Stange, die der ranghöchsten Henne zusteht. Man rechnet bei durchschnittlich großen Hühnern etwa 5 bis 6 Tiere je Meter Sitzstange bei leichten Rassen und 4 bis 5 Tiere bei mittelschweren Rassen. Die Breite der Stangen richtet sich nach der Größe der Füße der Tiere. Zu beachten ist, daß die Hinterzehe nach hinten um die Stange fassen kann. Bei Zwergen sollte die Breite 3 cm und bei Großrassen etwa das Doppelte betragen. Von der Wand sollten die Stangen etwa 25 bis 30 cm entfernt sein. Bei einer Rasse mit längeren Schwänzen sind 30 cm zu empfehlen, für Wyandotten reichen 25 cm vollkommen aus. Mehrere Stangen hintereinander sollten voneinander einen Abstand von etwa 35 bis 40 cm haben. Die Stärke der Sitzstangen richtet sich nach der Entfernung von

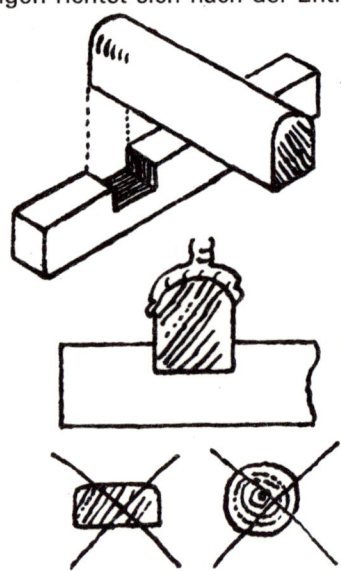

richtige und falsche Sitzstangenquerschnitte

Auflage zu Auflage. Im allgemeinen verwendet man 4 bis 5 cm starke Hölzer. Die Stangen dürfen nicht wippen, wenn sie voll belastet sind. Die Tiere müssen in der Nacht ungestört schlafen können; auch wenn sich hin und wieder ein Tier bewegt, sollen die anderen nicht munter werden.

Die Hühnerhalter, die nur 10 bis 15 Hühner halten, verwenden durchweg Einzellegenester. Für 3 bis 4 Tiere benötigt man ein Nest. Hühner durchschnittlicher Größe brauchen ein Nest von den Abmessungen 35 × 35 cm. Vereinzelt werden auch Gemeinschaftsnester in der Größe 75 × 75 cm oder 1,25 × 1,25 m verwendet. Ein Nachteil ist aber, daß ein dünnschaliges Ei von den Hennen, die sich ja sehr aneinander drängen, zerdrückt werden kann. Dadurch leidet auch die Qualität der anderen Eier.

Gewaschene Eier sind immer wertgemindert. Durch die Wäsche wird nicht nur das Ei gesäubert, sondern auch die Schale gänzlich entfettet. Dadurch kann der Sauerstoff von außen durch die Schale eindringen, und diese Eier werden schneller schlecht. Schon deswegen lieber ein Nest mehr als eines zuwenig anschaffen! Die Henne steht bei dem Legeakt auf, und das Ei fällt etwa 5 bis 10 cm tief. Ohne weiche Einstreu im Nest kann das Ei leicht zu Bruch kommen.

Für die Zucht ist es zu empfehlen, mit Hilfe von Fallnestern gute und schlechte Leger herauszufinden. Man sollte nur von Tieren nachzüchten, die einen reichen Eiersegen bringen. Der Nachteil der Fallnester besteht darin, daß der Züchter stündlich den Stall aufsuchen muß, um die Tiere wieder aus dem Nest zu lassen. Kann sich niemand in der Familie »hauptamtlich« damit befassen, ist eine Anwendung der Fallnester

unmöglich oder muß sich auf die Wochenenden beschränken. Bei einer Wochenendauswertung kann man zwar nie feststellen, wieviele Eier ein bestimmtes Tier in der Woche legt, aber man erkennt, ob ein bestimmtes Tier immer mit beim Legen dabei war und sich für die Nachzucht eignet.

Es ist vorteilhaft, wenn die Futtertröge oder Futterautomaten etwa in Brusthöhe angebracht werden. Man rechnet 100 Tiere auf eine Troglänge von etwa 4 bis 7,5 m. Automaten von 60 cm Durchmesser reichen für 40 bis 50 Tiere. Ein genügend langer Trog ist sehr wich-

tig wegen der Hackordnung unter den Hühnern.

Ist der Trog nicht genügend lang, werden niederrangige Tiere abgebissen und erst dann an den Trog herangelassen, wenn alle anderen satt sind. Von solchen Tieren kann man dann keine hohe Legeleistung erwarten. Einzeltröge werden am günstigsten ein- und aushängbar an der Wand befestigt. Doppeltröge baut man auf Pfosten in die Stallmitte. Die Baumaße für einen einfachen Trog: lichte Weite etwa 3 cm,

kleiner Kasten von 3 × 20 cm, denn die Aufnahme erfolgt nur nach Bedarf.

Die Tränke sollte nur im Winter im Stall stehen, alle anderen Futtereinrichtungen verbleiben auch im Sommer im Stall, falls er ausreichend groß ist. Wenn die Futtertröge im Sommer draußen sind, wird ein ganzes Stück Auslauf »hühnermüde« gemacht. Außerdem zieht man sich Sperlinge und andere unerwünschte Mitfresser an die Futtertröge. Tränken im Stall erhöhen die Feuchtigkeit und sind deshalb so

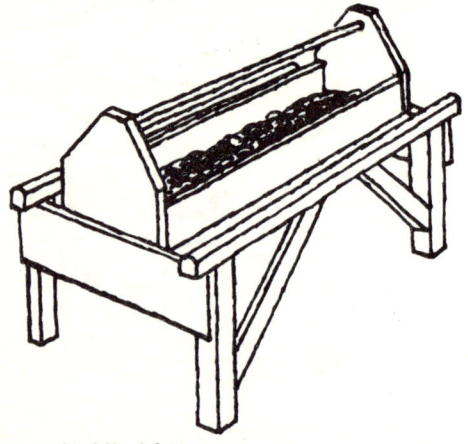

Futtertrog für Mischfutter

Tränke mit Spritzwasserfang

Höhe Vorderkante 10 cm. Die Höhe der Hinterkante ist bedeutungslos, wenn die Tröge an der Wand befestigt sind. Die Vorderkante sollte so hoch sein, daß die Tiere das Futter beim Aussuchen nicht herauswerfen können.

Nicht zu vergessen sind bei der Einrichtung ein Gritkasten bzw. Sandkasten, denn unsere Hühner benötigen zum Zermahlen des Futters im Muskelmagen kleine Steinchen. Es reicht ein

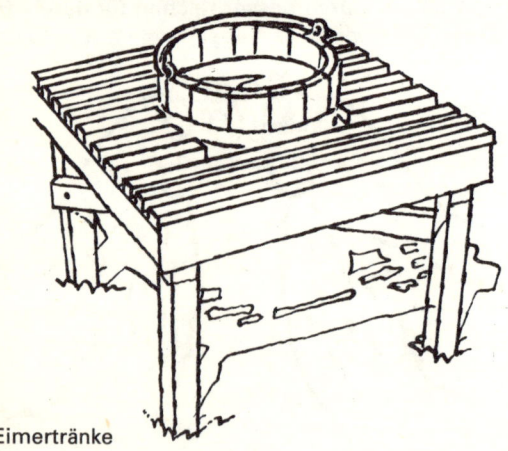

Eimertränke

lange als möglich im Auslauf zu belassen. Wenn man sie dann doch innen aufstellen muß, dann sollten Sie einen Spritzwasserauffang in Form eines flachen Kuchenbleches unter die Tränke stellen, damit die Einstreu nicht naß wird. Es empfiehlt sich, die Tränke etwas erhöht anzubringen, damit die Tiere in ihr nicht die Einstreu einweichen.

Der Durchmesser der Öffnung zum Auslauf hat im allgemeinen die Maße 25 × 30 cm. Es gibt verschiedene Verschlußklappen aus Holz, auch solche mit Windschutzkasten, wenn die Öffnung gegen den Wind angebracht werden mußte. In letzter Zeit verwendet man selbstöffnende »Frühauf«-Hühnerstalltüren, die inmitten der Verschlußtür ein Fenster besitzen. Die Tiere nehmen an, daß das Loch offen ist, und versuchen nach außen zu gehen, sie betätigen eine Fußklappe, und die Tür öffnet sich durch die Eigenlast des Huhnes. Bastler und Hobbyelektriker haben sogar elektrisch öffnende Türen mit Schaltuhren. Die »Frühauf«-Tür wird von den Tieren im Sommer oft schon gegen 4.00 Uhr geöffnet, und die Tiere gehen in den Auslauf. Das hat viele Vorteile, z. B. können die

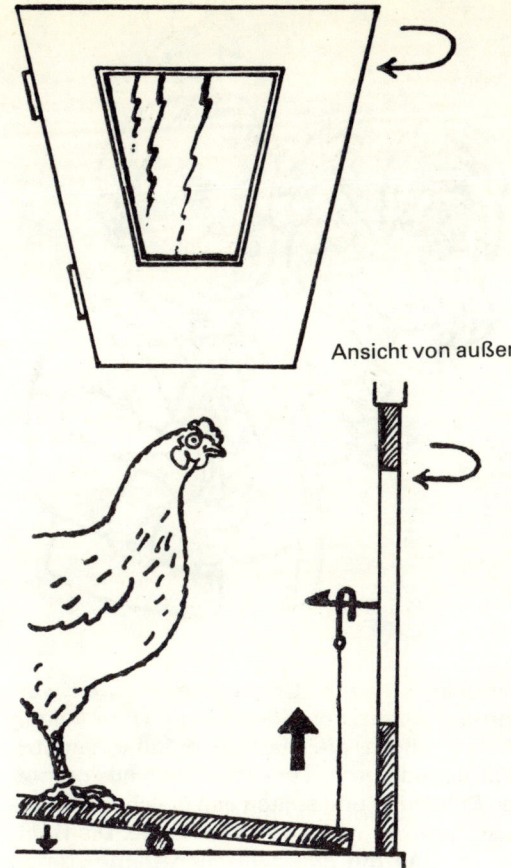

Ansicht von außen

Funktion innen

»Frühauf«-Hühnerstalltür

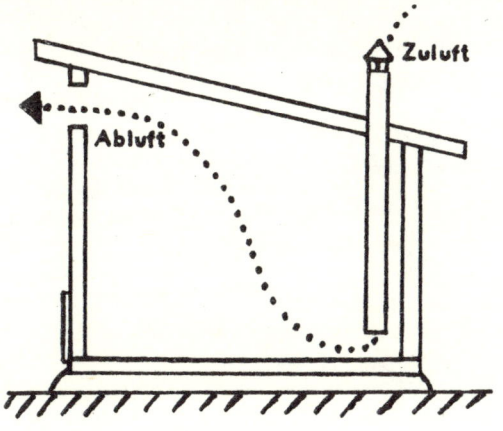

Luftzirkulation im Hühnerstall

Tiere klamme Kerbtiere, Würmer, Spinnen und anderes einweißreiches Kleingetier zeitig aufnehmen. Ein Nachteil ist, daß um diese Tageszeit verstärkt Marder, Iltis und wildernde Katzen umherstreifen, deshalb ist es besser, wenn die Tiere erst ab 6.00 Uhr in den Auslauf können.

In Zusammenhang mit der Auslauföffnung sind die Lüftungsklappen zu sehen. Sie sollten der Auslauföffnung entgegengesetzt angebracht werden, damit die Luft durch den Stallraum ziehen muß und der Luftaustausch gewährleistet wird. Die Wirkung der sogenannten freien oder Schwerkraftlüftung beruht auf dem natürlichen Auftrieb der warmen, leichten Luft im Stall, die von der kälteren, schwereren Außenluft, die unten in den Stall einfließt, nach oben gedrückt wird. Je größer der senkrechte Abstand zwischen den Zu- und Abluftöffnungen ist, desto wirksamer arbeitet das System. Deshalb sind die Zuluftöffnungen möglichst niedrig, die Abluftöffnungen dagegen hoch anzuordnen. Durch den Einbau eines Abluftschachtes kann der Abstand zwischen Zuluftein- und Abluftaustritt erhöht und die Lüftung noch wirkungsvoller gestaltet werden. Die Größe der Lüftungsklappen, die am höchsten Punkt im Stall angebracht sein sollten, ist verschieden. Im allgemeinen rechnet man für

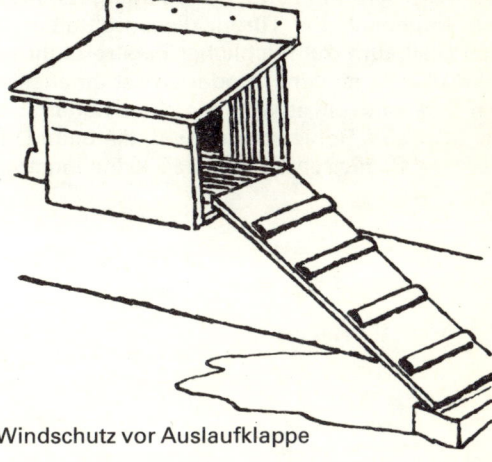

Windschutz vor Auslaufklappe

10 m² Bodenfläche 1,5 bis 2 m lange und 5 cm breite Klappen. Die Öffnungen müssen unbedingt leicht verstellbar sein, denn bei starkem Sturm oder schlechtem Wetter müssen sie fast geschlossen, bei zu hoher Wärme im Stall aber weit geöffnet werden. Der Züchter muß selbst entscheiden, wie weit er öffnen

muß, um einerseits Zugluft, andererseits sauerstoffarme Stickluft zu vermeiden.

Hühner lieben Licht, Luft und Sonne, deshalb muß der Größe und der Lage der Fenster große Beachtung geschenkt werden. Man rechnet als Fenstergröße etwa ein Sechstel von der Grundfläche (vgl. Müller 1982). Die Fenster sollten sich nach Süden bzw. Südosten öffnen. Damit wird eine lange Sonneneinstrahlung garantiert, das ist besonders im Winter für die Tiere von Vorteil. Eine größere Fensterfläche ist nicht zu empfehlen, da durch sie in kalten Winternächten der Stall stark abkühlt und dann sogar mit Zusatzheizung gearbeitet werden muß. Hühner lieben keine Temperaturen unter 5 °C, ideal sind 10 bis 18 °C. Die Fenster sollten so angebracht werden, daß das Licht weit hinein in das Stallinnere gelangt. Alle Kleintierställe erhalten vorwiegend einfach verglaste Holzfenster mit Kipp- oder Klappflügeln. Vorgesetzte Rahmen mit Maschendraht gestatten das Aushängen oder ganztägige Offenhalten der Fenster. Dadurch erhalten die Ställe im Sommer genügend Frischluft und kühlen nachts ausreichend ab.

Sollte ein Stall ohne Baumschutz in der prallen Sonne stehen, dann bewährt sich eine gute isolierte Decke. Je nach Anforderung an den Wärmeschutz werden ungedämmte Türen oder wärmegedämmte Türen als einflüglige Drehtüren eingebaut. Bei Türen, die unmittelbar in den Stallraum mit reichlicher Einstreu führen, ist stallseitig an der Tür oder an der Innenseite der Stallwand ein etwa 15 bis 20 cm hoher Sockel oder eine Bohle vorzusetzen, die beim Öffnen und Schließen sichert, daß keine Einstreu

herausfallen kann. Ungedämmte Türen werden bei Kaltbauten oder für die Unterteilung stallklimatisch gleichartiger Räume benutzt. Wärmegedämmte Türen bestehen aus mehreren Schichten und sollten den gleichen Dämmgrad besitzen wie die Außenwände. Die Hohlräume sind mit anorganischen Dämmstoffen auszufüllen, z. B. Glasfaser, Stein- oder Schlackewolle.

Wer seinen Tieren einen so ausgestatteten Stall bieten kann, wird an ihnen seine Freude haben, und die Tiere werden sich wohl fühlen.

Saubere Ställe und gutes Klima – gesunde Tiere mit wenig Aufwand

Wer seine Ställe praktisch und wohlüberlegt gebaut hat, der wird auch wenig Zeit für die Säuberung der Ställe benötigen. Das Wichtigste für die Gesunderhaltung des Bestandes ist nun einmal die Stallhygiene. Man unterscheidet die tägliche Reinigung, die wöchentliche Reinigung und die Generalreinigung bzw. umfassende Reinigung. Bei Ställen mit Kottisch empfiehlt es sich, täglich den anfallenden Kot zu entfernen und mit Sand oder Sägemehl nachzustreuen. Dieser Arbeitsaufwand dauert nur wenige Minuten, aber er lohnt sich. Ställe mit Kotkästen werden im Sommer etwa wöchentlich einmal, im Winter aller 3 Tage gekalkt. Außer den Kotkästen sollte man noch Tiefstreu in seinen Ställen haben, die etwa 20 cm stark sein muß und aus verschiedenartigem Material bestehen kann (Säge- und Hobelspäne, Torf, kurzes Stroh oder Spreu, auch trockenes Laub). Diese Tiefstreu wird wöchentlich nur einmal umgeharkt, das ist der ganze Arbeitsaufwand. Bei etwa 2 bis 5 cm hoher Einstreu ist der Aufwand wesentlich höher, denn sie muß je nach Witterung und Stallklima, sobald sie feucht geworden ist, gewechselt werden. Die Einstreu muß nach der Reinigung bzw. Generalreinigung trocken eingebracht werden. Die Generalreinigung führt man ein- bis zweimal im Jahr durch, und zwar einmal im Frühjahr, das andere Mal im Herbst: im Frühjahr, weil durch die fast ausschließliche Stallhaltung während des Winters der Stall besonders stark verschmutzt ist, und im Herbst, weil dann die Jungtiere zu den Alten kommen. Für jede gründliche Stallreinigung wählt man einen sonnigen Tag, denn erstens halten sich die Tiere dann sowieso vorwiegend draußen auf, und zweitens können die gescheuerten Gegenstände in der Sonne trocknen. Auch der Stall trocknet schneller.

Zu Beginn der gründlichen Stallreinigung werden alle Einrichtungsgegenstände, die Tröge, Tränken, Sitzstangen, Kotbretter, Fallnester, Automaten usw. aus dem Stall geräumt. Man weicht die Geräte ein und scheuert sie außerhalb des Auslaufes z. B. mit heißer Sodalösung bzw. 1%iger Formalin- oder 2%iger Natronlauge ab und läßt alles an der Luft trocknen, während das Stallinnere gesäubert und desinfiziert wird. Jährlich einmal wird der Stall innen mit Weißekalk und zugesetzten Desinfektionsmitteln gestrichen.

Bei der herkömmlichen Geflügelhaltung stellt der Stall, einschließlich des Auslaufes, den Lebensraum des Geflügels dar. Vor allem nachts und bei ungünstigen Witterungsbedingungen stehen die Tiere unter dem Einfluß des Stallklimas, das nicht zu trocken, aber auch nicht zu feucht sein soll. Für den Gesundheitszustand der Tiere, ein ungestörtes Wachstum sowie gute Lege- und Mastleistungen sind die Um-

weltfaktoren maßgeblich verantwortlich. Bei einer einwandfreien Auslaufhaltung werden Mängel der Stallsäuberung und des Stallklimas zum großen Teil ausgeglichen, vorausgesetzt, die Fehler, die gemacht wurden, sind nicht zu groß.

Die Luftfeuchtigkeit im Stall stellt den bedeutendsten Klimafaktor dar. Die in einem Stallraum befindlichen Tiere verbrauchen für die Stoffwechselvorgänge Sauerstoff. Zugleich wird die Stalluft durch die wasserhaltige Atemluft mit Feuchtigkeit ständig angereichert. Steigt die relative Luftfeuchte über 75%, dann kondensiert Wasser vor allem an der Einstreu, sie wird feucht. Das Behaglichkeitsgefühl der Tiere wird beeinträchtigt, und sie scharren ungern. An den Zehen können sich Schmutzklumpen bilden (besonders in der Kükenaufzucht), die Zahl der Schmutzeier nimmt zu. Die feuchte

Einstreu bietet verschiedenen Krankheitserregern (Bakterien, Viren, Wurmeiern, Wurmlarven, Pilzen usw.) sehr gute Entwicklungsmöglichkeiten. Der Kot bleibt unzersetzt, und es bilden sich größere Mengen Ammoniak und Schwefelwasserstoff, die die Schleimhäute der Augen und die Atmungsorgane reizen. Gleichzeitig erhöht sich die Anfälligkeit der Tiere gegenüber Krankheiten. Eine relative Luftfeuchte

von 60 bis 70% ist in Geflügelställen als optimal anzusehen.

Die Beseitigung zu hoher Luftfeuchtigkeit sowie der Stoffwechselgase erfolgt durch Luftwechsel in Form der freien Lüftung oder durch die Zwangslüftung. Die freie Lüftung kommt durch die Temperaturdifferenz zwischen dem Stallinnern und der Außenwelt zustande. Die Be- und Entlüftung vollzieht sich in den meisten herkömmlichen Geflügelställen durch die Wärmeauftriebslüftung über Fenster, die jedoch in den Wintermonaten den notwendigen Luftaustausch meist nicht vollauf gewährleisten. Nach Fritsche/Gerriets müssen je Huhn und Tag 113 g durch Atmungstätigkeit, Exkremente usw. ausgeschiedenes Wasser aus dem Stall entfernt werden. Das Huhn hat als Flugtier und durch seine Anatomie (Lungenluftsäcke) einen wesentlich höheren Sauerstoffbedarf als Säugetiere. Säugetiere scheiden die Feuchtigkeit als Urin aus, das Huhn zu etwa 40% mit der Atemluft und zu etwa 60% als Kotwasser.

Die Luftfeuchtigkeit steht im engen Zusammenhang mit der Stalltemperatur. Verdunstende Feuchte bindet Wärmeenergie. Hohe Temperaturen in Verbindung mit trockener Luft im Stall führen zu vermehrter Staubentwicklung, besonders im Sommer. Staub übt auf den Gesundheitszustand der Tiere ebenfalls einen negativen Einfluß aus. Er führt zur Reizung der Schleimhäute. Häufig werden dabei über einen Juckreiz Federfressen und Kannibalismus ausgelöst. Da außerdem der Staub

erfrorener Kamm

22

als ideales Trägermedium für die verschiedensten Krankheitserreger anzusehen ist, muß unbedingt eine größere Anreicherung von Staub im Stall vermieden werden.

Bei hohen Temperaturen und hoher Luftfeuchte machen die Tiere einen müden und abgeschlagenen Eindruck. Zu niedrige Temperaturen haben eine erhöhte Futteraufnahme bei sinkender Leistung und Vitalität zur Folge. Feuchtkalte Luft ist den Tieren absolut abträglich. Schon bei Temperaturen von wenigen Graden unter Null können Frostschäden an den Kämmen bzw. Kehllappen und Zehen auftreten, besonders bei feuchtem Stallklima.

Der Auslauf und seine Pflege

Für die Aufzucht und die Haltung von Hühnern ist der Vorteil eines Auslaufes unbestritten. Zu einer erfolgreichen Hühnerhaltung gehört er dazu. Auch wenn bei besonders abgestimmter Fütterung auf Auslauf und Sonnenlicht verzichtet werden kann, sollten Züchter und Kleintierhalter ihre Tiere nach wie vor im Auslauf halten, und sei er auch noch so klein. Die Tiere finden in ihm neben frischer Luft noch manche zusätzliche Nahrung. Eine Dauergrasnarbe aus Gräsern bietet eine natürliche Grünfütterung und eine zusätzliche Versorgung mit den Vitaminen A, B und K. Zudem ist es für den Züchter ein schöner Anblick, wenn sich eine Herde Hühner z. B. in einem großen Obstgarten tummelt. Leider wird aber oft dem Auslauf zuwenig Aufmerksamkeit geschenkt. Ungepflegte, ja verwahrloste Ausläufe sind häufig anzutreffen. Die Tiere sind vor Unkraut oder hohem altem Gras kaum zu sehen oder müssen in schlammigem Boden stehen. Die Tiere mancher Züchter müssen mit einem Kleinstauslauf vorliebnehmen. Als normalen Auslauf kann man bis 20 m²

Fläche pro Henne rechnen. Besonders vorteilhaft ist der Wechselauslauf.

Ein kleiner Auslauf ist meist nur eine große Voliere, so daß man auf Graswuchs, der sich bei der Hühnerhaltung sehr günstig auswirkt, verzichten muß. Die Tiere würden in kürzester Zeit den Boden von jeglichem Bewuchs kahlfressen. Die sehr kleinen und nicht mit Gras bewachsenen Ausläufe werden bei feuchter Witterung allerdings oft zu Morasten. Das sollte aber im Interesse der Gesundheit der Tiere unbedingt vermieden werden. Bei Platzmangel empfiehlt es sich deshalb, die Ausläufe zuerst etwa 2 Spaten tief abzugraben und mit Schotter oder Bruchsteinen und zuletzt einer 10 cm hohen Schicht Kies aufzufüllen. Sie erhalten so einen kleinen, aber immer gut zu pflegenden, trockenen Auslauf. Nach Möglichkeit sollte ein Teil der Auslauffläche überdacht werden, so daß der Futterplatz immer im Trockenen liegt. In einem kleinen Auslauf haben die Hühner noch Sonne und Frischluft und können sich vor allem bewegen, Insekten fangen und sich durch Scharren und Futtersuchen betätigen. Der Stoffwechsel wird damit wesentlich gefördert.

Ein Wechselauslauf ist das Ideal für die Hühnerzucht. In diesem Fall müssen zwei Ausläufe zur Verfügung stehen, die von den Tieren im Wechsel von vierzehn Tagen bis drei Wochen genutzt werden. Der Wechselauslauf ist stets mit einer Graseinsaat, von der verschiedene Mischungen im Handel angeboten werden, zu versehen. Der Rasen ist kurz zu halten. Hühner fressen gern junge Grastriebe, die nach dem Rückschnitt rasch nachwachsen. Außerdem begünstigt ein regelmäßiger Rasenschnitt die Ausbildung einer dichten Grasnarbe. Wie häufig die Ausläufe gewechselt werden müssen, hängt von der Witterung und der Jahreszeit ab. Nach dem Wechsel ist der verlassene Auslauf neu herzurichten. Löcher und andere Unebenheiten, je nach Größe, werden mit der Handharke oder der Egge bearbeitet und sind wieder auszugleichen. Danach ist zu düngen. Stickstoff wird ausreichend durch den Geflügelkot zugeführt. Um ein hochwertiges Grünfutter zu bekommen, sind an Mineraldüngern vor allem Phosphor und Kalk notwendig. Gut bewährt

hat sich Kompost, der nach guter Rotte (2 Jahre Liegezeit) auf die ruhende Parzelle des Wechselauslaufes dünn ausgebreitet wird. Größere Kahlstellen im Auslauf werden neu mit Gras angesät. Ein Wechselauslauf ist aber nicht nur wertvoll wegen des immer wieder frischen Grüns, sondern er verhindert auch die Verbreitung von Krankheiten, deren Erreger sich oft im Boden aufhalten. Viele Bakterien halten −20°C aus, aber sterben durch Sonneneinstrahlung ab, so daß ein beräumter und gut gepflegter Wechselauslauf eine bessere Voraussetzung für gesunde Tiere bietet als ein Auslauf, in dem sich die Hühner ständig aufhalten müssen. Auch kann beim Wechselauslauf das Wurzelgeflecht der Gräser in der Zeit, in der er nicht genutzt wird, wieder fest im Boden Fuß fassen. Ein unbegrenzter Auslauf ist für fast alle unsere mittelschweren und leichten Hühnerrassen

von Vorteil. Hühner laufen am liebsten gänzlich frei. Sie sind dabei sehr billig zu halten, da sie sich viel Futter selbst suchen. Leider lassen sich aber große Ausläufe schlecht pflegen, es sei denn, es handelt sich um eine Obstplantage, die als Doppelnutzung für die Hühnerzucht verwendet werden kann und maschinell bearbeitet wird.

Beachten Sie aber, daß Ihre Hühner beim Nachbarn Schaden anrichten können. Das schränkt die Möglichkeit unbegrenzten Auslaufs ein.

Bei der unbegrenzten Haltung sollten unbedingt für die Küken bzw. Jungtiere eine oder auch zwei Parzellen abgetrennt und schon im Herbst für die geplante Aufzucht vorbereitet, also entseucht und frisch angesät werden.

Bei allen Arten des Auslaufes sollte ein Platz nicht vergessen werden, wo die Hühner ein Staubbad nehmen können. Damit wird zugleich den Kahlstellen im Bewuchs etwas vorgebeugt. Kahlstellen entstehen meist dort, wo

die Tiere kein gesondertes Staubbad vorfinden. Irgendwo wollen sie ja staubbaden, das ist zur Freihaltung von Außenparasiten und für das Wohlergehen der Tiere unbedingt erforderlich. Ist kein Staubbad vorhanden, schaffen sie es sich durch Scharren im Boden selbst. Eine kleine Überdachung für den Futterplatz, wenn er außen vorgesehen ist, bewährt sich besonders bei Regentagen gut.

Zum Schluß noch einige Betrachtungen über die Bepflanzung des Auslaufes. Da Hühner Obst und Beeren verzehren, sollten nur größere Bäume wie Halbstämme bei Obstbäumen oder Hochstämme bei Beerenobst angepflanzt werden. Leider schützen Obstbäume nicht gegen Wind, so daß man noch niedrige Sträucher anpflanzen muß, selbst wenn es nur an einigen Stellen ist. Windschutzecken werden unbedingt, besonders bei freien, nicht umbauten Ausläufen benötigt.

In den Sommermonaten bietet eine zweckmäßige Bepflanzung die Garantie für ausreichenden Sonnenschutz, den ja unsere Tiere hin und wieder auch benötigen. Bäume, Sträucher oder Sonnenschutzdächer werden von den Tieren gern während der Mittagshitze aufgesucht. In dieser Zeit werden im Auslauf auch keine Würmer und Larven gefunden. Sie haben sich vor der Hitze verkrochen.

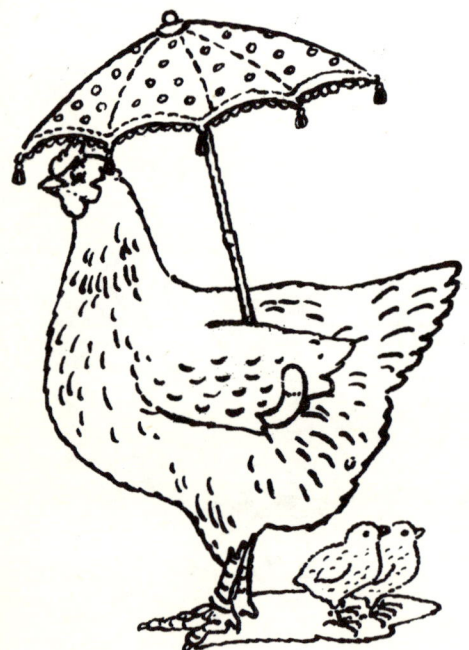

Gut gepflegte Ausläufe bieten nicht nur den Tieren beste Umweltbedingungen, sie erfreuen auch den Geflügelhalter oder -züchter. Oft werden gerade die Ausläufe als Visitenkarte des Züchters bezeichnet.

Dazu gehört eine zweckentsprechende, praktische Einzäunung. Vor allem Zäune aus Maschendraht haben sich durchgesetzt. Es gibt vielerlei Arten: z. B. Aluminiumdraht, verzink-

ten oder mit PVC ummantelten Eisendraht. Immer seltener werden Lattenzäune verwendet, wenn sie auch in der Anschaffung billiger sind. Selten gibt es »lebende« Zäune. Dabei muß man darauf achten, daß das Buschwerk unten dicht genug ist. Man verwendet gern Sträucher, die sehr dicht, dornig und reich verzweigt sind, wie Berberitzen, Feuerdorn, Schlehen – es gibt noch viele Möglichkeiten, neue Pflanzen auszuprobieren. Lattenzäune, besonders aus Kiefernholz, faulen leider sehr schnell auch nach entsprechender Imprägnierung und sind spätestens nach 8 bis 10 Jahren gänzlich zu erneuern. Eine Augenweide sind solide nicht rostende Maschendrahtzäune über einem festen Fundament. Der Säulenabstand sollte 3 m nicht überschreiten, dabei ist es gleich, ob es Eisensäulen oder Zementsäulen sind. Jede Ecke muß durch Stützstreben gut stabilisiert werden, damit durch die (möglichst 3) angelegten Spanndrähte eine feste Spannung entsteht. Zäune mit Fundament haben den Vorteil, daß die Hühner sich nicht unter dem Zaun Scharrgruben anlegen und unter dem Zaun nach außen gelangen können. Nachteilig ist, wenn das Gras in den Zaun wächst. Diese Stellen verrotten zuerst, und es sieht immer unordentlich aus. Fundamente sollten durchschnittlich etwa 15 cm aus der Erde ragen und ebenso tief oder

tiefer in der Erde liegen. Am günstigsten ist bei schweren Böden eine frostsichere Tiefe von 80 cm; das ist aber recht aufwendig. Säulen dagegen sollten unbedingt 70 cm in der Erde stehen, Ecksäulen 90 bis 100 cm. Die Höhe des Zaunes sollte man der Umgebung anpassen und die Rasse nach der möglichen Zaunhöhe auswählen. Am meisten werden Zaunhöhen von 1,30 bis 1,50 m verwendet. Türen im Auslauf sollten mindestens 100 cm breit sein, so daß man bequem mit der Schubkarre hindurchfahren kann. Vorschriftsmäßig gefertigte und immer gepflegte Maschendrahtzäune halten 40 bis 50 Jahre, so daß sich der Mehraufwand lohnt. Die Maschenweite sollte 5 × 5 cm betragen und die Drahtstärke nicht unter einem Durchmesser von 2,5 bis 3 mm liegen. Bei Einzäunungen der Kükenausläufe sollte die Maschenweite nicht größer als 3 × 3 mm, besser 2,5 × 2,5 mm sein.

Hühner in meinem Garten

Der Besitzer eines Gartens stellt sich oft die Frage, wie er ihn effektiver nutzen kann. Er kann Gemüse für den Frischverbrauch des Haushaltes anbauen, er kann aber auch Futter anpflanzen, um Tiere halten zu können.

Ein der Tierzahl entsprechender Auslauf, der an den Stall grenzt, sollte vom Garten abgetrennt werden. Damit bietet der Garten beiden Platz, den Hühnern und dem Gemüse. Sollte der Garten gänzlich den Hühnern gehören, ist zusätzlich nur noch eine Obstnutzung möglich. Ich muß aber dringend davon abraten, die Hühner frei um das Wohnhaus herumlaufen zu lassen. Das ist unhygienisch, da sich die Hühner vorwiegend in der Nähe der Menschen aufhalten und Hof und Vorplatz des Geländes besonders stark verkoten. Es empfiehlt sich auf jeden Fall, den Hühnergarten immer abgetrennt vom Wohnbereich zu halten. Wer eigene Zucht betreibt, sollte sogar den Hühnergarten in zwei Abteile trennen, um die Jungtiere getrennt von den Alttieren aufziehen zu können. Wenn die Grasnarbe erhalten bleiben soll, sind je Huhn 10 bis 20 m² Auslauf erforderlich. Das hängt stark von der Hühnerrasse ab. Bei einer Haltung von mehr als 30 Tieren verringert sich der Flächenanspruch je Tier um etwa 20%, da der Bewegungsraum insgesamt größer wird. Solche idealen Umweltbedingungen können si-

cherlich nicht alle Hühnerhalter ihren Tieren bieten, aber von diesen Idealzahlen sollten Sie als Liebhaberzüchter ausgehen. Die Umzäunung sollte so gewählt werden, daß die Tiere nicht in den Gemüsegarten oder in Nachbars Garten fliegen können und dort Schaden anrichten. Ein 1,30 bis 1,50 m hoher Zaun ist eine ausreichend hohe Abgrenzung. Sollten die Tiere dennoch, besonders Jungtiere, über den Zaun fliegen, empfehle ich Ihnen Flugfesseln aus Lederriemen zu verwenden. Auch Flügelklammern sind geeignet. Beide werden im Handel angeboten. Der verärgerte, ratlose Halter nimmt oft die Schere und schneidet die Flügelfedern ab. Das sieht nicht schön aus und schadet den Tieren. Es kommt oft vor, daß solche Tiere nicht einmal mehr ins Legenest hinauf kommen, das im Stall erhöht angebracht ist. Welche Methode Sie auch anwenden, sie sollte immer nur auf einer Seite erfolgen. Züchter, die ihre Tiere ausstellen wollen, verwenden am besten die Lederfessel. Das Tier kann normal die Federn abwerfen, nur geht der Flügel, der von einem Lederriemen zusammengehalten wird, nicht auf. Bei den Flügelklammern fallen entweder alle in der Klammer befestigten Federn aus, oder sie werden gar nicht abgestoßen. Dabei kann es zu Wurzelbettentzündungen kommen, da die neue Feder wächst, aber

Anlegen einer Flügelbinde

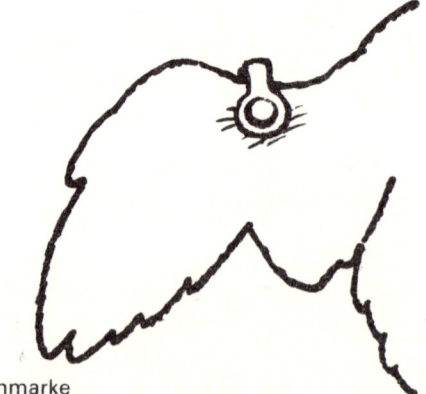

Kükenmarke

die alte Feder sich nicht aus ihrem Wurzelbett lösen kann.

Sind die Jungtiere einen begrenzten Auslauf gewöhnt, so überfliegen sie ihn nur selten, und wenn, dann nur aus Übermut. Daraus kann eine Untugend werden. Um das zu verhindern, bindet man einige Tage einen Flügel mit einer Lederfessel. Das Tier versucht dann nicht wieder, den Zaun zu überfliegen, auch wenn es gar keinen gebundenen Flügel mehr hat.

Bei sommerlicher Hitze brauchen meine Hühner im Garten Schatten. Deshalb sollten Sie Schatten spendende Bäume pflanzen und, solange die Bäume noch klein sind, einen Sonnenschutz aufstellen. Dafür gibt es viele Möglichkeiten. Vielerorts verwendet man dazu einen Heureuter, auf den das alte, von den Hühnern ungenutzte Gras gehängt wird. Dieser Heureuter bietet Regen- und Sonnenschutz.

Hühner sind sehr empfindlich gegen Wind. Oft bekommen sie im zugigen Auslauf einen Schnupfen, der zu einer Legepause führen kann. Es empfiehlt sich, besonders in unbewachsenen Gärten, für Windschutz am Boden zu sorgen, auch wenn es nur an einigen Stellen im Auslauf ist. Wenn es sich einrichten läßt, sollte man den Hühnerstall in die Mitte des Hühnergartens setzen. Hühner halten sich vorwiegend im Umkreis von 10 Metern um den Stall auf. Das kann man am Verschwinden der Grasnarbe erkennen. Das Verhalten der Hüh-

ner im Auslauf ist je nach Rasse verschieden. Die Cochin oder Brahmas, die vom Charakter her ruhig und in ihren Bewegungen behäbig sind, kann man nicht mit den Australorps oder New Hampshire vergleichen, die oft als »Ackermaschinen« bezeichnet werden, da sie den ganzen Tag unermüdlich scharren. Beide Gruppen gehören aber zu den großen Hühnerrassen gleichen Gewichts. Jedes Tier hat seinen eigenen Charakter, und es gibt auch rassetypische Verhaltensweisen, die beachtet sein wollen. Es ist ein Unterschied, ob ich eine Rasse halte, die den ganzen Tag auf Futtersuche ist und unermüdlich im Auslauf scharrt, oder ob ich eine Rasse halte, deren Charakter ruhig und behäbig ist und die sogar noch Latschen hat und den Auslauf schont. Das sollte bei der Wahl der Rasse mit berücksichtigt werden. Saubere und gepflegte Ausläufe, Ställe und Volieren sind Voraussetzung für eine erfolgreiche Zucht des Geflügels. Doch die schönste Anlage kommt optisch nicht zur Geltung, wenn die Umgebung unordentlich oder kahl ist. Sie sollten die Ausläufe mit Blumenrabatten gestalterisch einbinden. Recht zweckmäßig und arbeitsparend hat sich eine Staudenrabatte entlang dem Zaun bewährt. Auch Rosen können Sie vor den Auslauf pflanzen. Das Angebot an Zierpflanzen ist sehr umfangreich, Möglichkeiten gibt es viele. Auch Hühnerstall und Hühnerauslauf sind Gestaltungselemente Ihres Gartens.

Hygiene ist wichtig!

Sauberkeit in Ställen und Ausläufen muß erstes Gebot sein. Es ist nicht erst dann zu reinigen, wenn der Stall schmutzig aussieht, sondern nach einem festen Programm in gleichbleibenden Zeitabständen. Täglich, wöchentlich, monatlich müssen bestimmte Reinigungsmaßnahmen regelmäßig wiederholt werden. Einzelne Tiere können durch den Kot, durch Nasenausfluß usw. Krankheitserreger ausscheiden und infizieren damit den Stall. Die Einrichtungsgegenstände, das Futter und das Trinkwasser bilden dann eine Infektionsquelle für die übrigen Tiere. Deshalb sollten täglich, wenn keine Kotgrube vorhanden ist, der Nachtkot eingesammelt und die Futtergeräte gesäubert werden. Die Tränkanlagen sind mit einer Bürste zu reinigen, um Algenansatz zu verhindern. Wöchentlich müssen Futtertröge gründlich gereinigt werden. Günstig ist es, wenn man sie im Wechsel austauschen kann. Legenester sind wöchentlich gegen Milben und Federlinge einzupudern bzw. einzusprühen, denn gerade in ihnen entwickeln sich Parasiten sehr schnell. Möglichst zweimal im Jahr sollte eine Generalreinigung und Desinfektion der Ställe mit allem Zubehör erfolgen. Monatlich ist eventueller Milbenbefall auf Auflageflächen der Sitzstangen wirksam zu bekämpfen. Dafür gibt es im Handel bestimmte Präparate. Gleichzeitig muß bei Milbenbefall die Behandlung am Tier erfolgen; je nach Witterung mit entsprechenden Pudern, in der heißen Jahreszeit etwa alle 2 Wochen, im Winter monatlich einmal. Die einfachste Methode ist die: Man geht, wenn die Tiere auf der Sitzstange schlafen, im Dunkeln in den Stall, hebt die Federn auf dem Rücken von hinten hoch und stäubt Puder

auf den Federgrund bzw. auf den Rücken. Dieser Puder verteilt sich langsam am ganzen Körper.

Dadurch werden alle Milben und Federlinge vernichtet. Den Tieren sollte ein Staubbad zur Verfügung stehen. In ihm schütteln sie viele Außenparasiten ab.

Eine besondere Bedeutung in der Frage der Hygiene kommt den Futtergeräten und der Fütterungstechnik zu. Der Schwerpunkt liegt auf der ständigen Reinigung und Desinfektion. Die Überwachung des Lebensraumes der Hühner, das Erkennen und Ausschließen von negativen Umwelteinflüssen und Schadfaktoren sind Bestandteil des vorbeugenden Gesundheitsschutzes.

Schutz vor Raubzeug

Es gibt verschiedene Arten von Räubern, die in den Hühnerhaltungen hin und wieder, manchmal aber auch häufig großen Schaden anrichten: am Boden die Raubsäuger, die abgelegene Scheunen, Ställe, Schuppen oder Erdhöhlen bewohnen, und die Räuber aus der Luft. An erster Stelle stehen die Marder. Der Marder ist im allgemeinen nur dämmerungs- und nachtaktiv und lebt am Tage versteckt in seiner Behausung, die sogar der Hausboden des Hühnerbesitzers sein kann, wenn ein Baum so nahe am Haus steht, daß er von dort das Dach erreichen oder andere Möglichkeiten nutzen kann, um auf den Dachboden zu kommen. Der Marder ist ein Artist ersten Ranges und kann sehr weit springen. Er liebt die Ruhe und hält sich deshalb vorwiegend nur dort auf, wo er völlig ungestört ist. Schutzmaßnahmen gegen Marder sind: Stalltüren nachts schließen! Die Stallungen sollten ein festes Fundament haben, damit sich der Marder nicht unter den Wänden durchscharren kann. Vorgesetzte Drahtrahmen in Sommerfenstern sollten so fest sein, daß sie nicht durchgekratzt werden können. Das wird besonders leicht möglich, wenn der Draht angerostet ist. Jährlich einmal sollten mit einem Hammer die Holzauflagen besonders der Rückwände auf morsche Stellen geprüft werden. Auch hier versucht der Marder einzudringen. Ungeeignet sind in marderreichen Gegenden die sich selbst öffnenden »Frühauf«-Türen, die im Sommer schon gegen 4.00 Uhr von den Hühnern geöffnet werden, einer Zeit, zu der die Marder noch rege sind und im Auslauf ungestört an unsere Hühner heran können. Ist der Marder einmal eingedrungen, dann tötet er alles, was sich regt. Er springt Tier um Tier an und tötet sie durch einen Kehlbiß, wie vom Blut berauscht. Der Schaden, den er hinterläßt, ist oft sehr groß.

Der Fuchs holt sich, hat er erst einmal den Zugang zu Hühnern gefunden, täglich ein Tier. Er bringt es zum Bau und verzehrt es erst dort, so daß der Schaden zunächst oft kaum bemerkt

wird. Der Fuchs hat zudem die Gewohnheiten, vorwiegend Hühner zu holen, die sich am Tage etwas vom Gehöft entfernen. Nur selten überspringt er einen Zaun. Zäune, die ein gutes Fundament haben, sind ein sicherer Schutz. Der konsequente Abschuß der Füchse als wichtige Überträger der Tollwut zu jeder Jahreszeit hat ihre Bestände so weit zurückgehen lassen, daß man nur noch selten davon hört, daß ein Fuchs im Hühnergarten Beute für seine Familie gemacht hat.

Die Igel laben sich gern an Eiern, die von Hühnern irgendwo in Holzhaufen oder anderswo verlegt werden und nicht in ein dafür vorgesehenes Nest.

Schwierig zu bekämpfen sind die Räuber aus der Luft. Besonders gefürchtet, auch inmitten der Städte, ist die Elster. Sie holt Küken bis zu einem Alter von 4 Wochen. Erwachsene Tiere fällt sie nicht an. Besonders ausgeprägt ist ihr Beutetrieb in der Zeit, in der sie halbflügge Junge im Nest sitzen hat, er läßt nach, wenn die Jungtiere sich selbst ernähren müssen.

dern die guten Legehennen, die den Auslauf weit absuchen und sich dabei von der Gruppe entfernen. Wenn eine Henne von einem Habicht geschlagen wurde, so ist das daran zu erkennen, daß er um das geschlagene Tier einen Kranz gerupfter Federn hinterläßt. Er sitzt dabei auf seiner Beute und entfernt erst die Federn, bevor er, beginnend mit den Weichteilen, das Tier verzehrt. Schlägt der Bussard eine Henne, so beginnt er sofort und ohne besondere Vorbereitungen die Beute zu fressen. Was liegenbleibt, verzehren dann oftmals die Krähen, oder es verwest. Sollte einer dieser Vögel umfangreichen Schaden anrichten, so sollte man die Jagdbehörde informieren und eventuell ein Einfangen mit einem Korb organisieren lassen, um dann das Tier in einer anderen Gegend wieder freizulassen. Selbsthilfen sind unangebracht und nach den gültigen Jagd- und Naturschutzgesetzen verboten. Es wird nur selten möglich sein, den ganzen Auslauf zu überdachen, den einzigen sicheren Schutz gegen Greifvögel. Andere Arten von Greifvögeln kommen nur selten als Räuber auf Hühnerhöfe.

Außerhalb dieser Zeit schlagen Elstern nur selten Küken. Am günstigsten ist es, wenn man den Kükenauslauf mit Maschendraht oder Netzen überdachen kann. Nur dadurch ist garantiert, daß Elstern nicht an die Küken herankommen können. Küken, die mit Glucke oder sogar mit einer Pute aufgezogen werden, werden nur ganz selten einmal angefallen, da das Muttertier für den Räuber ein achtunggebietender Gegner ist. Ins Freie gelegte Eier werden von Elstern ebenfalls gern verzehrt.

Die Krähe, die oft im Hühnergarten angetroffen wird und alles Futter, das die Hühner übriglassen, auffrißt, vergreift sich nur selten an einem Küken. Sie räumt nur das auf, was andere Tiere geschlagen haben. Mir ist noch nicht bekannt geworden, daß sie selbst Tiere geschlagen hätte, aber ich kenne viele Zuchten, bei denen Krähen und Hühner einträchtig gemeinsam aus dem gleichen Futtertrog fressen. Natürlich fressen sie auch wie die Elster die Eier der Hühner, wenn sie dazu kommen.

Am gefährlichsten sind Habicht und Bussard, wenn sie sich auf Hühner spezialisiert haben. Sie besuchen bis zum August, bis zum Beginn der Mauser, fast täglich zur gleichen Stunde den Hühnerhof und schlagen leider nicht nur die kranken Tiere, wie das oft gesagt wird, denn diese sind ja nicht weit vom Stall zu finden, son-

Chabo, gelb mit schwarzem Schwanz

New Hampshire, goldbraun

Appenzeller Spitzhauben, silber

Altenglische Zwergkämpfer, schwarz

Porzellanfarbige federfüßige Zwerghühner

Andalusier

Malaien

Zwergpaduaner, weiß

Indische Kämpfer, jubilee

Belgische Kämpfer

Madras-Kämpfer

Indische Kämpfer, fasanbraun

Moderne Englische Zwergkämpfer, braunbrüstig

Ostfriesische Möven

Zwergkaulhühner, silber-, und goldhalsig

Orpington, gelb

Orpington, schwarz

41

Spanier, schwarz

Dorking, gesperbert

Brahma, hell

gut gestalteter Hühnerauslauf

massiv gebaute Stallanlage

Pavillon für Nackthalshühner

massiver Stall mit großen Fensterflächen

Stalleinrichtung mit Paduaner

Legenester

Sitzstange mit Kottisch

Henne auf dem Legenest

Fallnester

Käfighaltung (Wyandotten, silber)

Womit und wie füttere ich meine Hühner?

Jeder Organismus benötigt zu seiner Erhaltung Stoffe, die er aus der Außenwelt aufnimmt. Das Huhn braucht diese Stoffe nicht nur zur Erhaltung des eigenen Körpers, sondern außerdem noch zur kontinuierlichen Produktion von Eiern. Es veredelt also Futterstoffe zu einem von uns hochgeschätzten Produkt.

Bei der Fütterung sind einige Besonderheiten der Verdauungsorgane des Huhnes zu berücksichtigen. Der Verdauungsweg ist im Verhältnis zu anderen Tierarten sehr kurz. Das erfordert eine Nahrung, die innerhalb kurzer Zeit aufgeschlossen werden kann. Der tägliche Futterverzehr ist relativ gering, größere Speicherorgane im Magen-Darm-Kanal fehlen, deshalb benötigt das Huhn ein besonders hochwertiges Futter. Ballastreiche Futtermittel sind ungeeignet. Der Organismus des Huhnes kann die im Futter enthaltenen Nährstoffe zu einem großen Teil nicht direkt zum Aufbau körpereigener Substanz übernehmen. Vor allem müssen die Kohlenhydrate, die Fette und die Eiweiße, die im Futter teils in ungelöster Form enthalten sind, in eine lösliche Form übergeführt und chemisch zerlegt, verdaut werden. Unverdaute Nahrungsreste werden als Kot ausgeschieden.

Es genügt nicht, die Hühner nur regelmäßig zu sättigen. Ihre Leistung hängt von der richtigen Zusammensetzung der Nährstoffe (Eiweiße, Kohlenhydrate, Fette und Mineralstoffe) ab. Das Volumen des Futters muß auf die in der Futtermischung enthaltenen Nährstoffe abgestimmt sein. Die richtige Zusammensetzung der Nährstoffe kann allgemein durch ein Mengenverhältnis zwischen Eiweißen und Kohlenhydraten von 1 : 4 ausgedrückt werden. Das heißt, auf 1 g Eiweiß sollten 4 g Kohlenhydrate kommen.

Je nach der Entwicklung der Tiere und unseren Erwartungen an ihre Leistung muß das Eiweiß-Energie-Verhältnis variiert werden. Es ist niemals als konstante Größe anzusehen. Je höher die Energiemenge der jeweiligen Kohlenhydrate und je besser die Eiweißqualität zu bewerten ist, um so weiter kann es differieren. Als Faustzahl kann jedoch bei allen Jungtieren das Verhältnis 1 : 5 und bei Legehennen das Verhältnis 1 : 3 empfohlen werden. In den Futtermischungen ist im allgemeinen die nötige Menge Fett enthalten, es kann deshalb in diesem Zahlenverhältnis unberücksichtigt bleiben. Außerdem ist das Geflügel in hohem Maße befähigt, aus Kohlenhydraten selbst Fett zu bilden.

In der Gesamtfuttermenge wird zwischen Erhaltungsfutter und Leistungsfutter unterschieden. Als Erhaltungsfutter wird oft diejenige Futtermenge bezeichnet, die das Tier braucht, um sich am Leben zu erhalten. Sie ist abhängig vom Körpergewicht. Diese Definition ist jedoch nur bedingt richtig, denn sie läßt die Schlußfolgerung zu, das Erhaltungsfutter sei diejenige Futtermenge, die das Huhn gerade noch am Sterben hindert. Mit dem Erhaltungsfutter soll jedoch der leistungsfähige Zustand des Tierkörpers auf möglichst lange Zeit erhalten werden. Unter Leistungsfutter verstehen wir die Futtermenge, die wir dem Tier zusätzlich zum Erhaltungsfutter geben müssen, um entsprechende Leistungen (Wachstum der Jungtiere, Fleisch- und Fettansatz bei der Mast, Eierproduktion, Bildung des neuen Federkleides bei der Mauser) erwarten zu können.

Kraftfuttermittel werden alle Futtermittel mit besonders hohem Nährstoffgehalt genannt. Sie enthalten Kohlenhydrate und Eiweiß. Eiweißreiche Futtermittel sind Fischmehl, Fleischmehl, Blutmehl, Milch, Trockenhefe, Schrote der Hülsenfrüchte, besonders der Sojabohne. Kohlenhydratreiche Futtermittel sind alle Getreidearten und ihre Schrote, Kartoffeln, Kartoffelflocken, Rüben (nicht geeignet die Runkelrübe, mit hohem Blausäuregehalt).

Ein ideales Futter läßt sich wirtschaftlich nur durch eine entsprechende Mischung der Futtermittel herstellen. Außerdem sollte reichlich junges Grün als Vitaminlieferant mit untergemischt werden.

Der Halter weniger Hühner wird wohl immer ein Weichfutter als Tagesfutter und nur abends etwa 30 bis 50 g Körnerfutter, wenn möglich von verschiedenen Arten, als Hartfutter für die Nacht geben. Gegen das Weichfutter ist an sich nichts einzuwenden, es wird am liebsten gefressen und auch am besten verdaut, nur muß es richtig zusammengesetzt sein, wenn es seinen Zweck, der in der Erzeugung vieler Eier und schöner, glatter, gesunder Tiere besteht, erfüllen soll. Man sollte nach meiner Erfahrung je Huhn eine Mischung aus 60 g gedämpften oder silierten Kartoffeln, 15 g Mais-, Hafer- oder Gerstenschrot, 10 g Weizenkleie, 12 g Fisch- oder Tierkörpermehl und 3 g Mineralstoffen geben. Es gibt zahlreiche andere, erprobte Futterrezepturen (vgl. z. B. Pingel 1985). Statt der 60 g Kartoffeln können in den kleinen Hühnerhaltungen auch alle pflanzlichen und tierischen Küchenabfälle mit verwendet werden, die oft einen höheren Eiweißanteil als die Kartoffeln besitzen. Hühner verzehren alles, was von ihnen verdaut werden kann. 70 g dicksaure Magermilch entsprechen z. B. etwa 8 g Fisch- bzw. Tierkörpermehl, so daß man hier austauschen kann. Milch sollte entweder frisch oder dicksauer verfüttert oder ins Futter gemischt werden. Nur angesäuerte Milch verursacht Durchfall. Die Futtermischung wird gut miteinander zu einer krümeligen, nicht nassen Masse vermischt. Die Milch kann aber auch in einem Steingut- oder Emaillegefäß getrennt hingestellt werden. Milcheiweiß besitzt eine hohe biologische Wertigkeit, sie ist höher als die anderer Futtermittel. Der Proteingehalt von 1,5 kg Magermilch entspricht etwa 300 g Frischblut.

Futterquetsche

Molke enthält allerdings nur noch wenig Eiweiß, jedoch fast den gesamten Zucker-, Mineral- und Wirkstoffgehalt der Milch. Mit 125 g Magermilch je Tier und Tag kann bei Legehennen der Bedarf an tierischem Eiweiß gedeckt werden. Das übrige Futter enthält ja ebenfalls noch bestimmte Mengen verschiedener Eiweiße. Zur beliebigen Aufnahme sollten die Beifuttermittel wie Kalk, Grit und gegebenenfalls auch gekörnte Holzkohle immer bereitstehen. Das ist besonders wichtig, wenn die Tiere nicht in den Auslauf können.

Die industriemäßige Hühnerhaltung hat sich in den letzten 25 Jahren auf eine ausschließliche Schrotfütterung umgestellt. Alles wird trocken gereicht. Diesen Getreideschroten werden bereits vom Hersteller die entsprechenden Mengen an Mineralstoffen und Vitaminen beigemischt. Die Züchter und Halter, die zu Hause die eigenen und Nachbars Küchenabfälle mit verwerten wollen, sollten sich eigene Futtermischungen herstellen, etwa nach dem o. g. Vorschlag. Es kommt dabei nicht auf ein Gramm

an, aber das Verhältnis Eiweiß zu Kohlenhydraten sollte stimmen, wenn man gut genährte Tiere besitzen will.

Keimhafer ist besonders im Winterhalbjahr ein ausgezeichnetes Futter, das man leicht selbst herstellen kann. Die damit verbundene Mühe

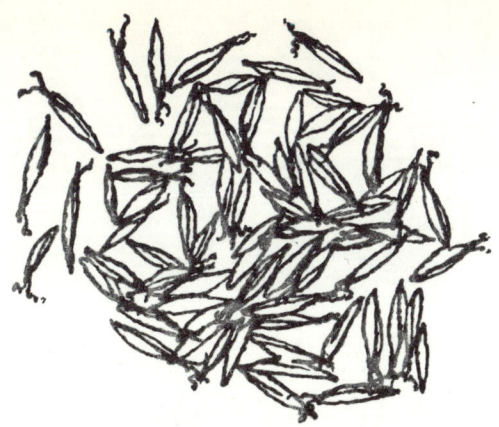

matischen Pflanzen. Was die Hühner am liebsten fressen, wird der, der seine Tiere gut beobachtet, bald herausgefunden haben. Es werden in der Regel saftige Kräuter sein. Man gibt soviel wie gefressen wird. Einen Teil sollte man unter das Weichfutter mischen, aber man sollte den Tieren die Gelegenheit bieten, Grünfutter davon getrennt in einem eigenen Futtertrog aufzunehmen. Wirft man das Grün unzerkleinert in den Auslauf bzw. in den Stall, so kann die Aufnahme langer Stengel im halbwelken Zustand zur Kropfverstopfung führen.

Im Winter ist die Auswahl des Grünfutters sehr viel beschränkter. Die Blätter von Grünkohl, von Markstammkohl und anderen Kohlarten sind besonders geeignet. Markstammkohl und Grünkohl ergänzen im Herbst und im Winter den Bedarf an Vitaminen und Eiweißen. Die Pflanzen werden im Stall so aufgehängt, daß sie nicht verschmutzen und die Hühner zur Bewegung und Beschäftigung angeregt werden. Die abgefressenen Strünke können zerkleinert dem Futter beigemischt werden. Man kann auch alle Rübenarten, außer der Runkelrübe, mit verwenden. Sie werden sehr gern gefressen. Man reicht sie halbiert in der Grünfutterraufe. Getrocknete Brennesselblätter, Blätter von Klee und Heu können ebenfalls als gutes Vitaminfutter dienen. Man mischt von diesen etwa 5 g gut zerrieben unter das Weichfutter, dort geht am wenigsten verloren. Futtermöhren, an sich gut geeignet, werden in der Regel nur aufgenommen, wenn man sie entsprechend zerkleinert. Man sollte sie also nicht wie die Rüben halbieren. Am besten mischt man auch sie zerrieben unter das Futter. Von großer Bedeutung in der Möhre ist das Karotin, die Vorstufe des Vitamin A. Das Karotin fördert eine intensive Färbung des Schnabels und der Ständer, was besonders bei gelbbeinigen Rassen wünschenswert ist. Nach langer Lagerzeit ist allerdings nur noch so wenig Karotin enthalten, daß die Möhre praktisch zum Ballastfutter und dadurch für die Verfütterung ungeeignet wird. Das Grünfutter hat nicht nur die Aufgabe eines mehr oder weniger gehaltreichen Futters zu erfüllen und auch nicht nur die Aufgabe, die Tiere mit Vitaminen zu versorgen, es ist im Gesamtfutter der für die Dotterfärbung wichtigste Anteil. Wer also Wert darauf legt, daß selbst im Winterhalbjahr das Eigelb recht intensiv gefärbt ist, vergesse das Grünfutter nicht! Auch der Geschmack der Eier wird vom Futter beein-

lohnt sich durchaus. Man läßt den Hafer zunächst 24 Stunden in Wasser quellen (am besten mit warmem Wasser ansetzen), breitet ihn danach in einer flachen Kiste in einer 10 cm hohen Schicht aus, hält ihn ständig mit lauwarmem Wasser feucht und schüttet ihn täglich um, bis sich Keime zeigen. Sie sollen aber keinesfalls grün werden. In diesem Falle würde sich der Hafer in Grünfutter verwandeln. Der Raum, in welchem das Ankeimen vor sich gehen soll, muß warm sein. Es eignen sich dazu besonders Heizungskeller. Bei einer Raumtemperatur von 15 bis 20 °C dauert es etwa 5 bis 7 Tage, bis man die angesetzten Körner verfüttern kann. Eine Futtermenge von 15 bis 20 g pro Tier täglich reicht aus.

Das Grünfutter ist wohl selten ein Problem. Bei frei laufenden Hühnern braucht man dafür überhaupt nicht zu sorgen, aber bei eingesperrten, in Volieren gehaltenen Tieren, vor allem in den Wintermonaten. Gefressen wird eigentlich alles, was der Garten an ungiftigem Grün bietet, mit Ausnahme von bitteren und stark aro-

flußt. Verschimmelte Stoffe z. B. können ihnen einen muffigen Beigeschmack geben. Fischmehl oder Garnelenfutter gibt den Eiern nur dann einen tranigen Geschmack, wenn zu viel davon beigemengt wird. Bei nur 10 bis 12 g je Henne und Tag besteht die Gefahr nicht. Vitamine sind in jedem richtig zusammengesetzten Futter ausreichend enthalten, so daß sich eine Verfütterung von Vitaminpräparaten, die oft empfohlen wird, durchaus erübrigt. Glaubt man trotzdem Anzeichen für Vitaminmangel zu entdecken oder will man trotz fehlender direkter Sonne schon sehr frühzeitig im Jahr Eier zur Brut verwenden, dann sollte man die synthetische Vitaminmischung Ursuvit, die in ganz Europa bekannt ist, einmal im Monat in der Tränke nach Vorschrift reichen. Im allgemeinen werden dann die besten Ergebnisse erzielt, wenn die Futtermischung vielseitig zusammengestellt wird. Bei entsprechenden Kenntnissen können die Futtergaben in ihrer Zusammensetzung bewußt variiert werden.

Zur Fütterung während der Mauser ist einiges gesondert zu sagen. Es ist ohne weiteres verständlich, daß die Mauser, also der Neuaufbau des gesamten Federkleides, für das Geflügel eine starke körperliche Beanspruchung bedeutet. Während dieser Zeit ist ein Futter erforderlich, das sich in erster Linie durch einen hohen Anteil tierischer Stoffe und durch Zusatz von

Vitamin B auszeichnet. Oft wird gesagt, wenn die Hühner in der Mauser sind, brauche man nicht viel zu füttern. Das ist falsch. Beginnen die Tiere mit der Mauser, muß das Futter im oben genannten Sinne verbessert werden, sonst ist mit längeren Mauserzeiten zu rechnen, und Sie müssen sich als Folge auch mit einer längeren Legepause abfinden.

Sehr wichtig für das Wohlbefinden der Tiere sind die Futterzeiten. Bei freiem Auslauf läßt man morgens die Tiere erst ein bis zwei Stunden ohne Futter. Das setzt aber voraus, daß im Auslauf etwas Freßbares zu finden ist. Jahreszeit, Witterung und die Zahl der absuchenden Tiere spielen dabei eine Rolle. Besonders das so wertvolle tierische Futter wird bei feuchtem, warmem Wetter in erheblich größeren Mengen vorhanden sein als bei kalten Winden oder bei langer Trockenheit. Bei solcher Witterung gibt es augenscheinlich für die Hühner nicht viel zu finden, und der Zuschuß »aus der Hand« sollte entsprechend vergrößert werden. Das erste Futter nach dem ersten Absuchen des Auslaufes sollte nicht zu reichlich sein, damit die Tiere nicht satt werden und sich träge in einer Ecke zur Verdauung niederlassen. Mit zu reichlichem Futter würden wir, besonders bei mittelschweren Rassen, das Verfetten fördern. Mittags gibt man nochmals eine kleinere Mahlzeit, die Hauptmahlzeit beginnt aber abends. Dann

sollten die Tiere möglichst mit verschiedenen Gängen satt gefüttert werden. Zuerst reichen wir immer das, was sie nicht gern fressen, jedoch aus verschiedenen Gründen fressen müssen, danach wird etwas Besseres angeboten. In der Regel reicht man morgens, mittags und abends Weichfutter, abends danach die Körner, die den Nachtvorrat für den Organismus darstellen. Ich sage »in der Regel«, wer aber wirklich tierlieb ist, hält diese Futterzeiten sicher nicht ein. Er geht bestimmt häufiger zu seinen Hühnern und hat immer irgend etwas Gutes für sie bei sich. Hühner gewöhnen sich schnell an bestimmte Futterzeiten und stehen pünktlich am Tor und warten.

Tiere, die in der Voliere ohne Auslauf gehalten werden, sollten morgens sofort Futter bekommen, denn sie können ja keine Kerbtiere und Würmer oder junges Grün aufnehmen. Das gleiche trifft für alle Tiere im Winter zu. Es versteht sich von selbst, daß bei Volierenhaltung die Futtermischung die Bestandteile enthalten muß, die andere Hühner im Freien finden.

Unsere Winternächte sind sehr lang und machen es den Hühnern viele Stunden unmöglich, Futter aufzunehmen, eine Beleuchtung der Ställe läßt sich schon damit begründen. In den Monaten November und Dezember würden die Tiere gegen 16.00 Uhr das letzte Futter aufnehmen, der Vorrat im Kropf reicht aber nur bis nachts gegen 3.00 oder 4.00 Uhr aus. Danach baut der Körper Reserven ab. Früh wird es nicht vor 8.00 Uhr wieder hell, und erst dann ist eine Futteraufnahme möglich. Eine zusätzliche Legeleistung erfordert deshalb eine Verkürzung der nächtlichen Fastenzeit. Wird die nächtliche Ruhepause zwischen der Abend- und der Morgenfütterung durch Beleuchtung im Stall abgekürzt, wird der Eierertrag höher sein. Es lassen sich regelrechte Lichtregime zur Erhöhung der Legeleistung aufstellen (vgl. Schmidtke 1980).

Im allgemeinen beleuchtet man abends und morgens ein bis zwei Stunden zusätzlich, abends vom Eintritt der Dunkelheit bis 19.00 Uhr und morgens von etwa 5.00 Uhr ab. Natürlich muß zusätzlich Futter gegeben werden, frühmorgens ein Teil Weichfutter und eine kleine Körnergabe in die Tiefstreu, den größten

Teil der Körner abends zur gewohnten Zeit wie im Sommer. Am einfachsten wird die Zusatzbeleuchtung, wenn Ihr Stall Stromanschluß hat. Bei der Anbringung der Beleuchtungsquellen achte man darauf, daß der ganze Stall erhellt wird, auch die Sitzstangen müssen beleuchtet sein, sonst kommen die Hennen nicht von den Stangen herunter. Das Licht darf abends nicht plötzlich abgeschaltet werden. Die Hühner müssen Zeit haben, sich auf den Stangen für die Nacht einzurichten. Man schaltet erst etwa 10 Minuten Dämmerlicht und dann gänzlich aus. Sie brauchen also für Ihre Lichtanlage einen Stufenschalter. In kleinen Ställen kann man dieses Dämmerlicht auch durch Verhängen der Lampen erreichen. Hat man kein elektrisches Licht, so genügen in kleinen Ställen auch eine oder mehrere Laternen, die aber sehr sorgsam aufgehängt werden müssen, so, daß sie nicht von den Hühnern umgestoßen werden können. Die Brandschutzbestimmungen sind unbedingt einzuhalten.

Tabelle 1
Futtermittel für Geflügel

Art der Futtermittel	Trocken-substanz g/kg	Verdauliches Rohprotein g/kg	Energetische Futtereinheit je kg
Wiesengras, Beginn Ährenschieben	160	15	56
Wiesengras, künstlich getrocknet	900	77	293
Kartoffeln, gedämpft, 16 % Stärke	237	13	177
Kartoffelflocken	900	43	677
Kartoffelsilage, gedämpft	228	14	167
Zuckerrüben, getrocknet	930	19	639
Rote Mohrrüben	128	8	85
Ackerbohnensamen	880	216	517
Erbsensamen	880	164	535
Süßlupinensamen	880	275	520
Gerste	880	80	562
Hafer	880	95	539
Mais	880	88	693
Roggen	880	55	652
Weizen	880	83	680
Leinenextraktionsschrot	880	206	274
Rapsextraktionsschrot, behandelt	880	246	285
Sojabohnenextraktionsschrot	880	382	445
Sonnenblumenextraktionsschrot, entsch.	880	357	429
Gerstenfuttermehl	880	73	538
Gerstenkleie	880	68	456
Haferflocken	880	97	595
Maisfuttermehl	880	76	596
Roggenfuttermehl, 50 % Ausmahlung	880	80	555
Roggenkleie, 70 % Ausmahlung	880	83	376
Weizenfuttermehl, 50 % Ausmahlung	880	77	651
Weizenkleie, 70 % Ausmahlung	880	84	363
Weizenkeime	880	229	620
Bierhefe, getrocknet	900	352	404
Futterhefe aus Sulfitablauge	900	302	411
Magermilch, getrocknet	920	250	663
Molke, getrocknet	920	88	605
Tierkörpermehl	900	420	438
Fischmehl, fettarm	900	563	461

Tabelle 2
Beispielration für den Nährstoffbedarf von Legehennen mit einer Körpermasse von 1,75 kg
(nach Pingel 1984)

Art und Menge der Futtermittel		Verdauliches Rohprotein g	Energetische Futtereinheit
Körnerfutter	30 g Weizen	2,5	20,4
	20 g Hafer	1,9	10,8
		4,4	31,2
Legemehl	20 g Weizenschrot	1,7	13,6
	20 g Maisschrot	1,7	13,9
	15 g Gerstenschrot	1,2	8,4
	15 g Weizenkleie	1,3	5,4
	10 g Fischmehl	5,6	4,6
	5 g Trockenbierhefe	1,6	3,0
	7 g Sojaschrot	2,7	3,1
	2 g Legapan	0,4	1,2
	6 g Mineralstoffgemisch	–	–
100 g Mischfutter enthalten		16,2	53,2
davon 30 g als Trockenfutter		4,9	16,0
Weichfutter	20 g Legemehl	3,2	10,6
	50 g Kartoffeln	0,7	8,9
		3,9	19,5
Gesamtration		13,2	66,7
Bedarf bei 70prozentiger Legeleistung		13,5	60,0

Tabelle 3
Gehalt an Vitaminen und Rohproteinen in pflanzlichen Futtermitteln (pro kg Trockensubstanz) nach W. Marx (briefl. 1985)

Pflanzliche Futtermittel	Karotin	E mg	B₁ mg	B₂ mg	B₆ mg	Niacin mg	Cholin mg	Rohprotein gesamt	Rohprotein verdaulich g
1. Grünfutter									
Rotklee (Beginn der Blüte)	200	179	10,0	22,2	7,0	111		181	119
Weißklee (Beginn der Blüte)	184	246	12,5	22,6		60			
Luzerne (Beginn der Blüte)	370	200	6,7	17,4	6,5	68	1440	192	121
Gras (Wiesenschwengel)	270	277	21,6	15,4					
Wiesengras, Ende Ähren	240	270	7,3	14,4	5,0			165	92
2. Trockengrün	210	10	7,3	15,6		37	1100	215	127
Luzerne, Knospe	230		3,2	12,0				165	86
Wiesengras									
3. Hackfrüchte									
Kartoffeln, roh			4,7	1,5	9,4	55	4316		
Kartoffeln, gedämpft			4,5	1,0	9,0	53	4300	78	70
Futterrüben			0,1	1,7		11		47	43
Kohlrüben	5		5,4	2,1					
Rote Möhren	522	37	3,9	4,8		121	5200	39	
4. Körner									
Wintergerste	0	41	5,6	2,1	3,6	69	1160	126	72
Hafer	0	23	6,9	1,7	1,3	17	1180	130	108
Mais	4	23	4,5	1,3	6,3	25	590	107	93
Winterweizen	0	13	5,6	1,3	5,2	63	920	121	78
Sonnenblumenkerne			17,0	5,3		354			
Leinsamen			7,0	4,5		41		261	209
5. Extraktionsschrote									
Erdnußextrakt		4	8,1	6,2	5,8	184	2070	541	465
Rapsextrakt				2,6	14,5			395	280
Sojaextrakt	1	1	2,7	3,5	7,8	25	2960	488	434
6. Produkte der Müllereien									
Maiskleie	3		5,1	1,7	19,4	77	1010	125	81
Haferflocken		17	7,1	1,7	1,9	10	1140	133	86
Weizenkleie	3	19	8,7	3,4	11,3	227	1210	152	96
7. Sonstiges									
Backhefe			18,3	55,9	86,0	538		555	511
Bierhefe			141,0	30,3	35,0	476	3920	569	512

Tabelle 4
Gehalt an Vitaminen und Rohproteinen in tierischen Futtermitteln (pro kg Trockensubstanz) nach W. Marx (briefl. 1985)

Tierische Futtermittel	A mg	D IE	E mg	B_1 mg	B_2 mg	B_6 mg	B_{12} mg	Niacin mg	Cholin mg	Rohprotein gesamt	verdaulich g
Vollmilch, frisch	5000	250	7,1	3,8	10,2	3,0	28,0	10	1460	265	253
Vollmilch, getrocknet	4000	250	7,1	3,4	10,2	3,0	27,0	10	1430	265	239
Buttermilch, frisch				3,8	16,5	2,6	22,2	9	1860	375	349
Magermilch, frisch			1	4,3	22,4	13,0	40,2	12	1370	378	359
Molke, frisch			1	4,0	33,6	4,3	20,0	14	2310	132	119
Blutmehl				0,3	2,2	1,1		32	670	941	855
Fleischknochenmehl				0,6	5,1	3,3	82,0	49	1820	611	519
Tierkörpermehl			1	0,2	2,5	1,4	43,5	43	2000	622	467
Fischmehl			2	0,9	7,4	2,4	208,0	64	4030	750	650
Geflügelschlacht-abfälle					10,0			40	5960		

Wasser und Tränken

Der Satz ist uneingeschränkt gültig: Frisches Wasser, gesunde Tiere! Das Wasser ist für alle Lebewesen unentbehrlich. Ein Tier kann eine Zeitlang hungern, aber man sollte es niemals dürsten lassen. Nach dem Schlupf beträgt der Wassergehalt etwa 80%. Mit zunehmendem Wachstum verringert er sich auf 60%, und später, namentlich bei fetten Tieren, sinkt er auf etwa 50% ab.

Der Körper gibt ständig Wasser auf verschiedene Art an die Umgebung ab. Der Körper des Huhnes verliert unter günstigen Verhältnissen je Tag etwa 40 bis 60 cm^3 Wasser. Auch das Ei besteht zu etwa 60 bis 70% aus Wasser. Eine Henne gibt also mit ihren Eiern eine beträchtliche Wassermenge ab, im Durchschnitt etwa 15 bis 20 cm^3 pro Ei. Bei hohen sommerlichen Temperaturen und großer Trockenheit wird vor allem über die Atmung sehr viel Wasser abgegeben und muß durch erhöhte Wasseraufnahme wieder ausgeglichen werden. Ein zusätzlicher Wasserbedarf ist außerdem von der Zusammensetzung und der Art des Futters abhängig. Bei ausschließlicher Trockenfütterung besteht ein höherer Flüssigkeitsbedarf als bei Zufütterung von Weichfutter. Wird dem Körper notwendiges Wasser vorenthalten, wird der gesamte Stoffwechsel gestört, und die Legeleistung der Tiere läßt erheblich nach. Eine mittelgroße Henne braucht je Tag etwa 125 bis 140 cm^3 Trinkwasser.

Das Trinkwasser sollte stets frisch sein. Am zweckmäßigsten sind deshalb automatische Tränkeinrichtungen, die man direkt an die Wasserleitung anschließt (s. S. 59). Ein öfteres Reinigen ist erforderlich, wenn die Tränken nicht ständig von frischem Wasser durchflossen werden. Im stillstehenden Wasser der Trogtränken setzen sich sehr schnell Algen an den Rändern an. Wer seine Tiere gesund halten will, versorge sie besonders während der Sommerzeit reichlich mit kühlem, frischem Wasser. Im Winter dagegen wollen die Tiere lieber etwas angewärmtes Wasser haben. In den klei-

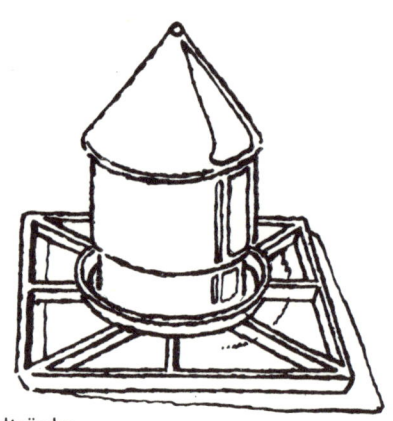

Manteltränke

nen Zuchten werden im allgemeinen die Turm- bzw. Stulptränken verwendet. Beide Arten funktionieren nach dem gleichen System. Auch wenn das Wasser während eines Tages nicht verbraucht wurde, sollte es am nächsten Tag

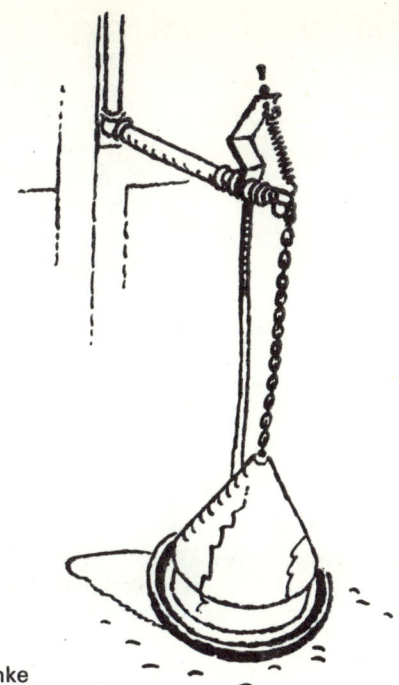

Ventiltränke

da sie sehr leicht umkippen können oder zu schnell verkotet werden und damit der Verbreitung von Krankheiten Vorschub geleistet wird. Züchter, die einen Wasseranschluß im Auslauf haben, verwenden oft eine Tropf- bzw. Durchlauftränke. Ein Wasserhahn wird so eingestellt, daß er tropft oder dünn läuft. Dadurch haben die Tiere immer frisches Wasser in der Tränke. Das Tränkbecken muß über einen Überlauf an ein Entwässerungssystem angeschlossen sein, damit der Auslauf nicht zum Morast wird. Wesentlich sparsamer im Wasserverbrauch ist die Ventiltränke, die auf ein bestimmtes Wassergewicht eingestellt ist. Wenn es unterschritten wird, öffnet sich das Ventil, und die Tränke füllt sich wieder bis zum eingestellten Maß. Die Wasserbehälter müssen laufend gereinigt werden. Im Winter können die Tränken mit Anschluß an die Wasserleitung nicht verwendet werden. Sie sind stationär und frieren bei entsprechend niedrigen Temperaturen ein. Besonders anfällig ist die Ventiltränke, da das Ventil längere Zeit geschlossen bleibt und dann das Wasser stillsteht. In einer Durchlauftränke ist das Wasser dauernd in Bewegung und gefriert nur bei höheren Kältegraden. Im Winter sollte man also im Stall andere Tränken verwenden.

erneuert werden. Manche Züchter verwenden einfach alte Töpfe, Bratpfannen oder andere Gefäße. Im allgemeinen sind sie ungeeignet,

Einiges zur äußeren Kennzeichnung der Hühner

Für die äußeren Körperteile der Hühner sind Fachausdrücke üblich, sie beschränken sich durchweg auf die Bezeichnung äußerlich hervortretender Teile. Da ist zunächst der Kamm in seinen verschiedensten Formen. An Kammformen kommen vor:

1. einfacher Kamm
Er wird nach verschiedenen Zackenformen verschiedenen Zuchtrichtungen zugeordnet. Der Asiatenkamm ist ein Kamm, dessen Zacken breit ansetzen und dann schnell spitz werden, also nicht zu groß erscheinen. Der Sägekamm deutscher Rassen ist dagegen länger in der Zacke, aber auch unten schmal angesetzt, so daß lange schlanke Zacken entstehen. Die Mittelmeerrassen haben einen insgesamt größeren Kamm, der bei der Henne nach der Seite neigt.

2. Rosenkamm
Er sitzt fest auf dem Kopf, ist breit gequetscht und läuft nach hinten spitz aus, oben aufsitzend oft leicht, vereinzelt auch größer, geperlt, je nach Standardforderungen. Ein grober Fehler ist hier der Steckdorn, der im Kammende stark verjüngt und dann merklich abgesetzt mit einer kleinen Perle endet.

3. dreireihiger Erbsenkamm
Eine etwas höhere Mittelreihe wird rechts und links von je einer etwas weniger ausgeprägten zackenförmigen Kammreihe flankiert.

4. Wulst- oder Nelkenkamm
Er ist im Ansatz ein Rosenkamm, aber endet ohne Dorn, oft sogar so verkürzt, daß er auf der Kopfmitte schon endet. Das hängt aber von den Standardforderungen ab.

5. Schmetterlings- oder Blätterkamm
Er sieht aus, als ob zwei flache breite Einfachkämme in der Flügelform eines Schmetterlings dem Kopf aufliegen.

6. Geweih- oder Hörnerkamm
Das Kammfleisch sitzt rund, in Form zweier Hörner, noch oben auf dem Kopf.

7. Becherkamm
Er besteht aus zwei aufrecht stehenden Kammteilen, die hinten möglichst geschlossen sein sollen und somit mehr oder weniger die Form Becher bilden.

Es gibt auch Rassen, denen der Kamm gänzlich fehlt. Hier wird er aber durch eine Haube ersetzt.
Die zwei Fleischteile unterhalb des Kopfes nennt man Kehllappen. Bei manchen Rassen sind sie mehr oder minder rückgebildet und werden durch einen Federbart ersetzt. Das Gesicht ist oft nur leicht behaart und sonst gänzlich frei von Federn.

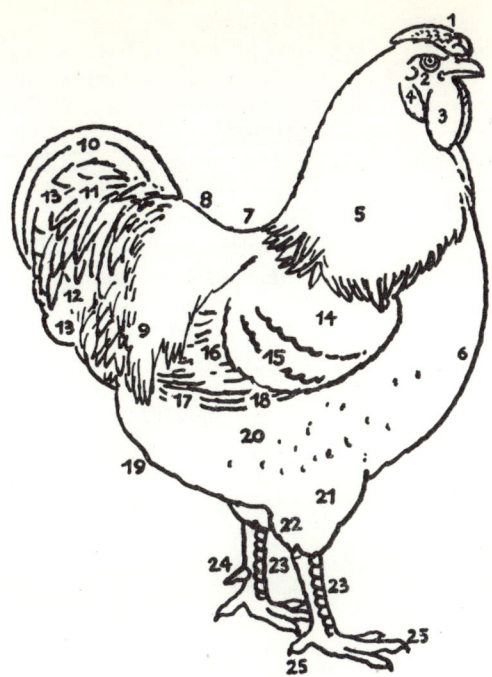

Äußere Körperteile des Huhnes

1 Kamm 2 Gesicht 3 Kehl- oder Kinnlappen
4 Ohrlappen (Ohrscheiben) 5 Halsbehang 6 Brust
7 Rücken 8 Sattel (Kruppe) 9 Sattelbehang
10 Hauptsicheln 11 Nebensicheln 12 Seitenfe-
dern des Schwanzes 13 Steuerfedern 14 kleine
Flügeldecke (Schulter) 15 große Flügeldecke
16 Armschwingen 17 Handschwingen 18 Daumenfedern (Afterschwingen) 19 Hinterteil 20
Seitengefieder 21 Schenkel 22 Ferse (Hacken)
23 Lauf 24 Sporn 25 Zehen

Die Fleischteile vor dem Ohr, die Ohrlappen
bzw. Ohrscheiben gehören zu den Rassemerkmalen, denen in den Standards große Bedeutung beigemessen wird. Sie sind entweder aus
dünnem Gewebe, faltig und gut durchblutet,
länglichovale rote Ohrlappen zwischen dem
eigentlichen Ohr und den Kehllappen oder
festere, dickere Ohrscheiben von ovaler, runder oder herzförmiger Gestalt, die durch ver-
stärktes Wachstum der Lederhaut, die keine
Blutgefäße mehr durchschimmern läßt, und
durch viele eingelagerte Kristalle eine por-
zellanartig weiße Farbe annimmt, was die Ober-
haut gänzlich weiß erscheinen läßt. Das eigentliche Ohr sitzt am Kopf dahinter und ist ein klei-
nes Loch und mit kleinen Federn verdeckt, die
dem Schutze vor Verunreinigungen dienen.

Eines der wichtigsten Merkmale ist das Auge,
oft ist es sogar Parameter des Gesundheitszu-
standes. Die Ausfärbung der Augen hängt mit
Vorgängen zusammen, die sich während der
embryonalen Entwicklung an der Iris abspie-
len. Die Farbe der Iris kommt durch das Zusam-
menwirken von Pigmenten und der roten Blut-
körperchen in den Kapillaren der Aderhaut
zustande, die das Auge durchziehen. Es gibt
weißliche oder helle (Perlaugen), gelbe, oran-
gefarbige bis rote, braune und schwarze
Augen. Das Perlauge der Malaien zum Beispiel
beruht auf einer minimalen Pigmentbildung.
Beschränkt sich das Pigment auf die unmittel-
bare Nachbarschaft der Blutgefäße, kommt ein
rotes Auge zustande.
Über dem Auge sitzen die sogenannten Augenbrauen, die besonders bei Kämpferrassen stark
ausgeprägt sind. Durch sie erscheint das Auge
tiefliegend.
Als Halsbehang bezeichnet man die Federfluren um den Hals. Die Federpartie vor dem
Schwanz nennt man Sattel beim Hahn und Kissen bei der Henne. Der Schwanz ist mit Sattel-
bzw. Sichelfedern behangen. Der Flügel besitzt
die Schulterfedern, die Flügeldeckfedern und
die Armschwingen. Wenn man ihn öffnet, werden unter den Armschwingen die Handschwingen und Daumenfedern sichtbar, die nur dem
Fliegen dienen. Die unteren Körperpartien sind
mit Brust-, Bauch- und Schenkelfedern
bedeckt.
An der Ausfärbung des Gefieders sind mehrere
Faktoren beteiligt. Als erstes sind »Melanine«
zu nennen, stäbchenförmige oder rundliche,
mikroskopisch kleine Gebilde in den Zellen der
Federn, die entweder schwärzlich – Eumela-
nine – oder rötlich – Phaeomelanine – aussehen. Sie können gleichmäßig verteilt in der
einzelnen Feder vorkommen, in bestimmten
Zonen der Einzelfeder oder in größeren Gefie-
derabschnitten konzentriert oder aber auch
einheitlich verbreitet im ganzen Gefieder. Die
Farbstoffkörnchen können dicht oder locker
gelagert sein, der rötliche oder schwärzliche
Anteil überwiegt, dadurch erscheint die Färbung entweder intensiv oder schwach. Unter
den mannigfaltigen Farbschlägen des Haushuhnes nimmt die Wildfarbe des Bankivahuh-
nes, der die Rebhuhnfarbe der Italiener, Welsumer oder Kraienköppe am ähnlichsten ist, eine
zentrale Stellung ein. Als Besonderheit dieses
Farbenspieles ist als erstes der außerordentlich

Federfüßiger Zwerghahn

große Unterschied in der Ausfärbung beider Geschlechter zu nennen.

Der Hahn ist unterseits von der Kehle bis zum Afterflaum schwarz gefärbt einschließlich der Schwanzfedern, die Oberseite ist goldgelb bis rot, jede Behangfeder weist einen schwarzen Schaftstrich in der Mitte auf. Der Rücken und die Schulterdecken sind rot, die Innenfahnen der Schwingen wiederum schwarz, die Außenfahnen braun, sie bilden das braune Flügeldreieck. Das Rumpfgefieder der Henne ist grau- bis rötlichbraun, jede Feder mit fein verteilten schwarzen Pigmentpünktchen oder Strichen »überrieselt«, Fachausdruck dazu »Rieselung«. Die Brust ist lachsrot, der Schwanz schwarzbraun durchsetzt oder gänzlich schwarz. Die Schwungfedern sind wieder verschieden: die Innenfahne schwärzlich, die Außenfahne dagegen vorwiegend braun. Gelb oder goldfarbig gesäumt ist der Halsbehang der Henne, der innere Teil der Feder ist schwarz (Schaftstrich). Auf dem Deckgefieder hebt sich der Kiel wachsartig ab und wird als »Nerv« bezeichnet. Große Verbreitung hat auch der Ersatz der gelben, roten und braunen Töne des Wildgefieders durch Weiß gefunden. Es ist aber kein Weiß im Sinne oben beschriebener Farben, sondern ein »Silber«. Daher die Benennung silberfarbig, silberhalsig oder birkenfarbig. Eine eigenartige Abwandlung der Rebhuhnfarbe ist rotscheckig oder rotgesattelt. Die schwarzen Farbbezirke sind in Weiß ausgefärbt. Durch Zurückdrängung bzw. Förderung der Gene bestimmter Farben wurden gänzlich einfarbige Tiere gezüchtet. Weiß ist keine Farbe, sondern zeigt Fehlen von Farbpigment. Bei Schwarz ist züchterisch zu unterscheiden zwischen der Farbe und dem Glanz. Die Farbe ist geballtes Stäbchenschwarz in unterschiedlicher Menge. Der Glanz der Feder hängt nicht nur von der Farbe, sondern auch vom Aufbau der Feder ab. Der Bestand an winzigen Hornplättchen ist für den Glanz verantwortlich. Gemeinsam ergibt beides das intensiv grünglänzende schwarze Obergefieder. Der Federflaum ist ohne Glanzteilchen, also mattschwarz. Allgemein hängt es von der Zusammensetzung ab, welche Farbe aus dem Körnchenschwarz entsteht. Gelb ist aufgelockertes Körnchenschwarz, von dem die

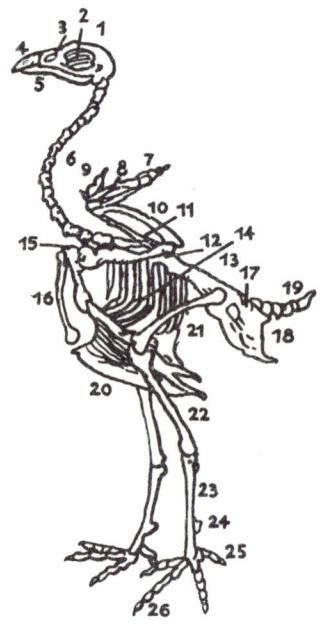

Skelett eines Huhnes

1 Schädel 2 Augenhöhle 3 Nasenhöhle 4 Oberschnabel 5 Unterschnabel 6 Halswirbel 7 Finger 8 Handknochen 9 Daumen 10 Elle 11 Speiche 12 Oberarmknochen 13 Rückenknochen 14 Rippen 15 Rabenbein 16 Schlüsselbein 17 Kreuzbein 18 Schambein 19 Steißbein 20 Brustbein 21 Oberschenkel 22 Unterschenkel 23 Mittelfuß (Lauf) 24 Sporn 25 Hinterzehe 26 Vorderzehe

Sattheit des Tones abhängt. Bei den vielen Zeichnungsarten tritt auf bestimmte Abschnitte in der Feder beschränkt das Körnchenschwarz verstärkt oder vermindert auf, dadurch entstehen Säumungen, Streifungen oder auch Tupfungen, also alle die Zeichnungsarten, die bei unserem Haushuhn jetzt vorkommen.

Neben den Gefiederfarben gibt es bei unseren Haushühnern auch verschiedene Federformen. Im allgemeinen sind ja alle Federn am Ende rund. Eine Ausnahme machen die Hals- und Sattelfedern des Hahnes, das sogenannte Schmuckgefieder. Anders ist es bei der Hennenfiedrigkeit, die eigentlich nur bei einer Rasse vorkommt, den Sebrigts, hier zeigen Hahn und Henne die gleichen Federstrukturen. Die Seidenfedern weichen von den üblichen Konturfedern völlig ab. Ihr Schaft ist dünn und weich, die Äste sind verlängert, die Strahlen weniger zahlreich und durch das Fehlen der Häckchen nicht fest miteinander verbunden. Die Seidenfeder ähnelt im ganzen sehr den Dunen und wirkt haarähnlich. Dadurch kommen ihr besonderes Aussehen und ihre Weichheit zustande.

Fachbegriffe der Hühnerzüchter

ken- und Kinnbart), wobei die Kehllappen ver-
kümmern und im Nacken zuweilen eine kamm-
artige Krause entsteht.

Behang
Verlängerte, zugespitzte Federn am Hals der
Hühner (Halsbehang), bei den Hähnen auch am
Unterrücken (Sattelbehang).

Bestrümpfung
Leichte Befiederung am Außenlauf.

Cremefarbe
Gelber Ton im weißen Gefieder.

Doppelsaum
1. Fehler: eine Ränderung der Feder in der
Grundfarbe vor dem verlangten andersfarbigen Saum (s. a. Vorsaum).
2. Zeichnung: Wiederkehr der Saumzeichnung
in der Federfahne.

Doppeltgesäumt
Zeichnung bei gesäumten Barnveldern. In der
braunen Grundfarbe liegen zwei schwarze Säumungen. Das äußere braune Zeichnungsfeld
zieht sich jedoch mit einer Spitze in den
schwarzen äußeren Saum hinein. Dadurch entsteht eine Lanzettzeichnung. Bei Indischen
Kämpfern heißt die Zeichnung »fasanenbraun«.

Doppelzacken
Zwei aus gleichem Grunde aufsteigende
Kammzacken.

Dorn
Der in eine ungeperlte Spitze auslaufende End-
teil des Rosenkammes.

Eichhornschwanz
Über die Senkrechte hinaus hoch getragener
Schwanz.

Entenfuß
Fehlerhaftes Anlegen der Hinterzehe an die
Zehenwurzel.

Flitter
Heller, zeichnungsloser Rand bei gerieselten
Federn.

Flockenzeichnung
Tiefschwarze, möglichst runde Flocken an beiden Seiten des Federschaftes, die scharf von-

Afterschwingen (Eckschwingen, Daumenfedern)
Die kleinen Federn nahe am Flügelbug.

Anflug
Fremder Farbton des Gefieders und der Läufe.

Armschwingen
Schwingen 2. Ordnung, kleine Schwingen. Die
kürzeren, abgerundeten, nach oben liegenden
Schwungfedern, die beim zusammengefalte-
ten Flügel fast allein sichtbar sind.

Backenbart
Der seitwärts gerichtete Teil des Federbartes.

Bänderung
Quer über die Feder verlaufende, möglichst
gleichmäßige Streifenbildung.

Bart
Befiederung des unteren Gesichtes und der
Kehle (bei manchen Rassen gegliedert in Bak-

einander abgesetzt sein müssen, damit das Zeichnungsbild nicht dunkel und verschwommen wirkt.

Fußwerk
s. Latschen.

Gesichtsschimmel
Weiße Flecken in der roten Gesichtshaut.

Halbmondzeichnung
Nur das Federende umfassende Säumung.

Handschwingen
(Schwingen 1. Ordnung, große Schwingen)
Die unteren 10 längsten Schwungfedern von zugespitzter Form.

Hängekamm
Durch schwachen Aufsatz oder Erkrankung nach einer Seite neigender Kamm bei Hähnen.

Hängeschwanz
Nach abwärts zeigende Schwanzhaltung.

Innenfahne
Nach innen gerichteter Teil der Schwingenfeder.

Kaulbildung
Schwanzlosigkeit, Fehlen des Steißbeines.

Kennbarkeit
Die Geschlechter sind am Daunengefieder der Küken sofort nach dem Schlupf erkennbar.

Kiel
Der Schaft der Feder, aber auch ein stark hervortretendes langes Brustbein, besonders beim Wassergeflügel.

Kissen
Die dicken flaumreichen Federlagen am Bürzel und an den Unterschenkeln der Hühner mit Asiatenblut.

Kragenschluß
Die vollkommene Zeichnung der vorderen Halsfedern, besonders gefordert beim hellen Farbenschlag der Hühner.

Kreuzschnabel
Der Oberschnabel ist an der Schnabelspitze mit dem Unterschnabel nicht mehr deckungsgleich.

kupieren
Abschneiden des Kammes und der Kehllappen, vorrangig zum Schutz bei Kampfhuhnrassen.

Latschen
Starke Fußbefiederung, die besonders die Mittelzehe erfaßt.

Moos
Auftreten der Zeichnungsfarbe in Gestaltung von »Pfefferung« in der Grundfarbe der Feder.

Mulde
Seitliche Einbuchtung bei Stehkämmen oder Vertiefung in einem Rosenkamm.

Nebenzacken
Zacken, die den erwünschten regelmäßigen Schnitt bei einfachkämmigen Rassen stören.

Nebenzacken
und Auswüchse
an der Kammfahne

Pigment
Der Gewebefarbstoff, der sich in der Farbe der Haut, der Läufe, des Schnabels und auch der Iris zeigt.

Quetschfalte
Dem Schädeldach gleichlaufende Verdickung am Grunde von Stehkämmen.

Rauhfüßigkeit
Fußbefiederung von geringer Dichte und Länge, nur an der Außenseite des Laufes und der Außenzehe.

Rieselung
Sehr feine, andersfarbige Sprenkelung der Federfahne.

Sägekamm
Stehkamm mit durchweg nach hinten geneigten Zacken.

Sattel
Unterrücken.

Säumung
Federzeichnung, bei der der Rand der Feder andere Farben als das innere Feld aufweist.

65

Schilf
Weiße oder graue, fleckige oder schiefrige Zeichnung dunkler Federteile.

Schopf
Kleine, nur nach hinten ausgebaute Haube, bei Hähnen wenig auffällig. Sie sitzt ohne Schädelhöcker auf.

Schultern
Der oberste Teil des Flügels und seine Befiederung, aus kleinen Flügeldeckfedern bestehend.

Schwanzwinkel
Winkel zwischen Rücken und Schwanzansatz.

Seitenzacken
Seitliche Auswüchse der Kammfahne.

Sperrflügel
Fehlender Anschluß der Handschwingen an die Armschwingen (Flügellücke).

Steilschwanz
Schwanzhaltung, bei der die Steuerfedern fast senkrecht aufwärts streben.

Steuerfedern
Die eigentlichen Schwanzfedern, bei Hühnern beiderseits 7.

Stulpen
Weiche, das Fersengelenk überragende Federn.

Wickelkamm
Fehlerhafte Kammlage, bei der der Kamm erst nach der einen und dann nach der anderen Seite schlägt.

Wickelkamm mit Schopf

X-Beine
Im Fersengelenk eng zusammenkommende Unterschenkel und Läufe.

Zwiehuhn
Hühnerrasse, die sowohl eine hohe Legeleistung als auch einen guten Fleischertrag erbringt.

Welche Rasse kann ich halten?

Die Zahl der Hühnerrassen und ihrer Farbenschläge ist groß. Bei der Auswahl der Rasse sind sowohl der persönliche Geschmack als auch der gewünschte Ertrag und die gegebenen Haltungsbedingungen entscheidend. Einen guten Überblick über die Vielfalt der Rassen erhalten Sie beim Besuch einer größeren Rassegeflügelausstellung. Hier werden die meisten Rassen auch in mehreren Farbenschlägen gezeigt.

Sie sollten nur vitale, gesunde Tiere aussuchen und kaufen und dafür lieber etwas mehr Geld anlegen. Entscheidend für den wirtschaftlichen Erfolg Ihrer Hühnerhaltung sind in erster Linie die Abstammung, die Haltungsbedingungen und die Fütterung der Tiere. Es wirkt sich immer günstig aus, wenn man Tiere aus zwei verschiedenen Zuchtlinien kauft, so wird Inzucht vermieden. Keinesfalls sollte man seine eigene Linie länger als nötig miteinander verpaaren. Man erreicht dadurch zwar äußerlich sehr gleiche Tiere, die aber in allen Leistungsmerkmalen mit der Zeit merklich nachlassen. Bewegung in der genetischen Kombination bringt widerstands- und leistungsfähigere Tiere.

Den höchsten Eierertrag bei verhältnismäßig geringerem Futteraufwand liefern die leichten Hühnerrassen vom Bankivatyp. Diese Rassen sind aber sehr fluggewandt und benötigen entweder sehr große Ausläufe, oder die Ausläufe

müssen mit hohen Zäunen umgeben sein. Es ist auch möglich, das Flugvermögen der Tiere durch das Kupieren bzw. Binden eines Flügels (s. S. 28) einzuschränken. Die mittelschweren Rassen haben zusätzlich zum hohen Eierertrag noch ein ansehnliches Schlachtgewicht, benötigen jedoch mehr Futter. Mittelschwere Leistungsrassen, auch Mischrassen genannt, wie New Hampshire, Amrocks, Australorps oder Sussex, erreichen gleichfalls hohe Legeleistungen, doch wird für diese Eiermenge mehr Futter benötigt als bei den leichten Rassen. Es trifft nicht zu, wie oft vermutet wird, daß Hennen leichter Rassen mehr Eier legen als Hennen schwerer Rassen. Eine gesunde, leistungsfähige schwere Henne wird mehr Eier produzieren als ein schwächliches Tier einer leichten Rasse.

Bei der Wahl der Hühnerrasse sollte man auch an Zwerghühner denken, besonders dann, wenn wenig Platz vorhanden ist und nur wenige Tiere gehalten werden sollen. Die Zeiten, in denen die Zwerghuhnzucht als reine Liebhaberei galt, sind vorüber. Es kommt natürlich auf die Rasse an! Die Zwerg-Welsumer, Zwerg-Dresdner, Zwerg-New Hampshire konnten bei einer Legeleistungsprüfung sogar die gleiche Eierleistung erzielen wie die Wirtschaftsrassen. Es gibt heute verzwergte Großrassen, die sich vom wirtschaftlichen Standpunkt aus für die »kleine Hühnerhaltung« sehr gut eignen. Bei geringem Futterverbrauch legen sie eine ansehnliche Zahl von Eiern. Die Anzahl der Rassen und Farbschläge, die zur Auswahl stehen, ist recht groß. Eine Zwerghenne legt mit 100 Eiern im Jahr etwa das Vier- bis Fünffache ihrer Körpermasse, die Henne einer schweren Rasse dagegen nur etwa das Zwei- bis Dreifache. Das Eidotter ist, im Verhältnis zum Eiklar, im kleinen Ei groß. Je größer das Ei wird, um so größer wird der Anteil an Eiklar. Die Leistung darf aber nicht allein an der Zahl der gelegten Eier gemessen werden. Die Fütterung und Haltung eines Zwerghuhnstammes ist schon deshalb billiger als die einer Herde großer Hühner, weil kleinere Tiere vorwiegend mit den im Haushalt anfallenden Abfällen ernährt werden können. Die Rassegeflügelzüchter züchten die meisten Rassen auf Leistung und Schönheit. Es werden aber einige Liebhaberrassen gepflegt, von denen keine wirtschaftlich verwertbare Leistung verlangt wird.

Andererseits werden auch Tiere nur wegen ihres Eiertrages gehalten. Hier steht der Nutzwert der Tiere im Vordergrund. In der Zucht werden ausschließlich Tiere verwendet, von denen Höchstleistungen erwartet werden können. Welche Rasse für Sie geeignet ist, müssen Sie selbst entscheiden. Lassen Sie sich jedoch zuvor von erfahrenen Hühnerzüchtern beraten!

Welche Leistungen kann ich von meinen Hühnern erwarten?

Als die Hühner Haustiere wurden, legten sie nur im Frühjahr und im Sommer. Sie legten damals bis zu drei Gelege von jeweils 10 bis 20 Eiern, abhängig von ihrem Alter. Anschließend brüteten sie. Durch die Veränderung der Umwelt und die strenge Auswahl der am besten legenden Tiere für die Zucht haben wir große Fortschritte in der Legeleistung erreicht. Ein industriell gehaltenes Huhn legt im Durchschnitt 200 Eier während einer Lebenszeit von 1 Jahr. Diese Leistung kann aber nur dann erreicht werden, wenn alles, Rasse, Futter, Wärme, Licht, ausschließlich darauf abgestimmt wird, mit Hühnern Eier zu produzieren. Es gibt sogar Spitzentiere, die fast 300 legen. Wir als Liebhaberzüchter erreichen mit unseren Rassen nur in wenigen Ausnahmen so hohe Legeleistungen. Wir wollen ja auch keine Eierlegemaschinen züchten. Wir halten Hühner wegen ihrer Schönheit, aus Liebe zum Tier und um im eigenen Haushalt frische Eier zu haben.

Die Legeleistung eines Huhnes hängt von der Erbmasse, der Umwelt und der Fütterung ab. Es gibt aber Rassen bzw. Rassegruppen, die mehr Eier legen als andere. Von den leichten Rassen sind das alle Formen des Italienerhuhnes bzw. der Leghorn. Sie legen im allgemeinen zwischen 140 und 200 Eier. Aus ihnen wurden die Legehybriden der Industrie entwickelt. Die Gruppe der mittelschweren Wirtschaftsrassen des asiatischen Schlages, die Rhodeländer, New Hampshire, Australorp, Wyandotten und Amrock, um nur einige zu nennen, bringen die gleiche Legeleistung, haben aber etwa 1 kg Körpergewicht mehr und benötigen deshalb in der Aufzucht und auch später ungefähr 15% mehr Futter. Sie liefern allerdings einen größeren Braten. Die Gruppe der Kampfhuhnrassen, durchweg stark bemuskelte Tiere, nehmen in der Geflügelzucht eine Sonderstellung ein. Sie stellen eine Genreserve dar. Werden Kämpfer mit anderen leichten Legerassen verpaart, entstehen stark bemuskelte Nachzuchttiere. Diese Küken werden besonders für die Mast verwendet. Ihre Erbmasse garantiert breite, kräftige Körper und einen schnellen Fleischansatz. Derartige Masttiere können schon nach etwa 8 Wochen geschlachtet werden.

Ihre Legeleistung liegt, je nach Rasse sehr verschieden, zwischen 50 und 120 Eiern pro Zuchtjahr. Haubenhühner halten sich, wie auch die Hühnerrassen mit besonders extremen Rassemerkmalen (nackter Hals, Hörnerkamm, kurze Läufe), in der Mitte. Man kann mit 100 bis 170 Eiern rechnen. Die verzwergten Hühnerrassen legen im Durchschnitt etwa 20% weniger als die Großrassen. Die Urzwerge könnte man bei der Gruppe der Kampfhuhnrassen einordnen.

Hennen, die im Jahr mehrmals brüten, liegen immer an der unteren Legegrenze. Während sie Eier bebrüten, legen sie nicht. Allerdings haben auch die Hennen, die nicht brüten, Legepausen, sie sind aber kürzer als die brutbedingten.

Wer über seine Tiere ein Zuchtbuch führt und die Legeleistung im Fallnest kontrolliert, sieht

auf einen Blick, welche Tiere für die Nachzucht im nächsten Jahr in Frage kommen. Die Tiere, die die meisten Eier gelegt haben, sind meist die vitalsten und gesündesten. Wenn ein Tier kränkelt oder in seiner Vitalität eingeschränkt ist, werden die Legepausen immer länger. Legefreudigkeit ist ein Zeichen von Gesundheit, Krankheit kann durch gute Pflege und Fütterung überspielt werden. Solche Tiere sollten nicht zur Zucht verwendet werden, auch wenn sie in ihren Rassemerkmalen noch so schön sind. Sie sollten den Tieren, die die meisten Eier legten, im neuen Jahr den Vorrang im Zuchtstamm geben, dann werden Sie Tiere züchten, die eine dem Standard entsprechende Legeleistung bringen und gesund sind.

Rassen für die wirtschaftliche Hühnerhaltung

Die Geflügelzucht weist viele schöne und leistungsfähige Hühnerrassen auf, deren Zucht und Haltung zu empfehlen ist. Da wir aber das Hauptgewicht bei den Wirtschaftsrassen auf die Leistung legen müssen, kommen in erster Linie jene Rassen in Frage, die neben einem gefälligen, das Auge befriedigenden Aussehen eine hohe Legeleistung haben. Dabei sollten Sie berücksichtigen, daß es in jeder Rasse und in jedem Stamm neben guten Legern auch schlechte geben wird. Schon aus diesem Grunde wird die Frage nach der »besten« Rasse nie eindeutig beantwortet werden können.

Die Hühnerrassen unterscheiden sich in ihren Eigenschaften voneinander. Bei einigen Rassen brauchen die Jungtiere bis zur Legereife 5 bis 6 Monate, andere benötigen dafür 8 bis 9 Monate. Es gibt Rassen mit geringem Körpergewicht wie die Leghorn und solche mit einem hohen Gewicht wie die New Hampshire oder die Australorps. Auch die Qualität des Fleisches und die Anzahl der Eier, die ein Huhn im Laufe eines Jahres legt, sind verschieden. Es kann nicht behauptet werden, daß in jedem Fall die Rasse, die die meisten und schwersten Eier legt, die beste ist. Die Leistungsfähigkeit einer Rasse oder eines Stammes muß erhalten und verbessert werden durch sachgemäße Unterbringung, Pflege und Fütterung und durch ständige Auswahl der im Hinblick auf ihre Eigenschaften besten Tiere zur Zucht. Für den Züchter von Wirtschaftsrassen kommen nur die mit der besten Lege- und Wachstumsleistung für die Zucht und Nachzucht in Frage. Wegen ihrer besonderen nutzbaren Eigenschaften werden einige Hühnerrassen als »Wirtschaftsrassen« bezeichnet, das sind gegenwärtig von den leichten Rassen und Farbenschlägen die weißen Leghorn, rebhuhnfarbigen Italiener und kennfarbigen Italiener, von den mittelschweren Rassen die New Hampshire und die hellen Sussex. Außerdem faßt man noch eine Reihe von Rassen, die in der Lage sind, unter guten Haltungsbedingungen gute bis sehr gute Legeleistungen zu bringen, unter der Bezeichnung »wirtschaftliche Hühnerrassen« zusammen.

Das *Leghorn*, ein Huhn mit hervorragenden Leistungseigenschaften, ist eines der verbreitetsten Landhühner. Seine hohe Legeleistung bei geringem Futterbedarf und die Unempfindlichkeit in der Aufzucht haben maßgeblich zu seiner großen Verbreitung beigetragen. Viele unserer Hühnerhalter bzw. Züchter nehmen an, daß das Leghorn seinen Namen wegen der hohen Eierleistung erhalten hat. Das ist nicht der Fall. In den dreißiger Jahren des vergangenen Jahrhunderts gelangten Italienische Landhühner aus der Stadt Livorno nach Nordamerika und wurden dort Leghorn genannt. Es handelt sich also um ein sprachliches Mißverständnis. Aus diesen Hühnern züchtete man eine selbständige Rasse, die sehr leistungsfähig war und auch über die Jahrzehnte hinweg blieb. Es ist daher kein Wunder, daß sich das Leghorn in fast allen Geflügelzucht betreibenden Ländern die Spitzenstellung als Wirtschaftsrasse eroberte. Es stellt seine guten Eigenschaften in rauhen nördlichen Gegenden genauso wie im sonnigen Süden unter Beweis. Da ihnen eine schnelle Befiederung angezüchtet wurde, brauchen die Leghorn nur kurze Zeit Aufzuchtwärme und sind schnell selbständig. Die Hennen beginnen oft schon nach 4 bis 5 Monaten im Vergleich zur Körpermasse doch recht große Eier zu legen. Der Leghorn-Hahn wiegt im Durchschnitt 2,5 kg und die Henne 2 kg.

Das Leghorn ist ein leichtes, bewegliches Huhn mit äußerst lebhaftem Temperament. Die Hennen legen weißschalige Eier, die sehr gut künstlich erbrütet werden können. Weißschalige Eier sind in den Brütereien sehr gern gesehen, da man bei ihnen schon nach 4 bis 5 Tagen erkennen kann, ob sie befruchtet sind, und unbefruchtete Eier frühzeitig aussortieren kann. Nach meinen persönlichen Erfahrungen schlüpfen die Küken aus weißschaligen Eiern sogar besser als aus dunkelbraunen. Ein Nachteil des Leghorn ist, daß es zu den flugfähigsten Rassen gehört und selbst hohe Umzäunungen mit Leichtigkeit überfliegt. Im allgemeinen ist aber nur dann damit zu rechnen, wenn der Auslauf beschränkt ist und nicht genügend Futter bietet.

Es gibt zwei Formen vom Leghorn, das der Wirtschaftsgeflügelzucht und das der Rassegeflügelzucht. In der Wirtschaftsgeflügelzucht werden die Tiere in Herdbuchform nach Hybridlinien gehalten und ausschließlich nach Leistungsmerkmalen selektiert. In der Rassegeflügelzucht gilt es, den Habitus und die Legeleistung zu erhalten. Länge und Höhe des Körpers sollen von der Seite gesehen im Verhältnis 5 : 8 ein Rechteck bilden. Der Körper soll eine breite volle Walzenform mit gut abgerundeten Ecken haben. Das Wirtschaftsleghorn zeigt in Schwanzhaltung und Lage einen merklichen Unterschied: Der Schwanz ist steil eingesteckt. Der Kopf wird länglich, schnittig und ziemlich klein gewünscht. Ein einfacher, mittelgroßer Stehkamm mit langer Kammfahne, im Gewebe etwas grobporig, ohne jegliche Falten und Runzeln mit fünf fast gleichmäßigen Zacken soll den Hahn zieren. Die Kammfahne darf aber nicht der Nackenlinie folgen und sollte in Scheitelhöhe gerade nach hinten verlaufen. Der Schnabel wird kurz und kräftig sowie fein gebogen gewünscht und sollte zumindest beim Hahn gelb sein. Es werden große, lebhaft hervortretende, rein rote Augen gefordert. Gerade der Augenausdruck ist ein wichtiges Merkmal für die äußere Leistungsbeurteilung. Die Kehllappen sollen mittelgroß, oval, dabei fein im Gewebe und von gleicher Länge sein. Das ganze Gesicht zeigt sich vollblütig rot, ohne Weiß und Schimmel. Runde oder ovale Ohrscheiben, mittelgroß und glatt anliegend mit emailleweißer bis cremefarbiger Färbung sind ein weiteres rassetypisches Merkmal. Von der Henne wird ein kleiner Einfachkamm mit fünf Zacken gefordert. Dabei soll das Vorderteil des Kammes mit der ersten Zacke senkrecht über der Schnabelwurzel stehen, während der Rest nach einer Seite umliegt, ohne jedoch die Sicht zu behindern. In der Wirtschaftsgeflügelzucht wird kein großer Wert auf »edle« Kopfformen gelegt. In jedem Falle müssen die Hennen einen vollen, weichen Legebauch besitzen. Ausgewachsene Tiere mit einem harten, leder-

nen Legebauch und sehr engem Abstand der Legeknochen (Schambein) sind keine Leistungstiere und sollten nicht zur Zucht verwendet werden. Man rechnet, je nach Umweltbedingungen, mit einer Legeleistung zwischen 160 und 220 Eiern im Jahr. Leider sehen viele unserer Züchter und Halter in den weißen Leghorn nur Hühner für den Bauernhof, aber auch diese Rasse hat, wenn man sie auf äußerliche Merkmale entsprechend dem Rassestandard züchtet, ihre Reize und kann Liebhaber begeistern.

Die *rebhuhnfarbigen Italiener* haben die gleiche Heimat wie die der Leghorn. Sie wurden in der Gegend von Livorno in Oberitalien als braune Livorneser gezüchtet. Nach Düringen sind sie schon 1835 nach Amerika ausgeführt worden. Im Jahre 1870 kamen sie nach Deutschland, wo sie rasch Fuß faßten, teils wegen ihres schönen Aussehens, teils wegen ihrer guten Leistungen. Die rebhuhnfarbigen Italiener waren noch vor dem ersten Weltkrieg in Deutschland weit verbreitet, später wurden sie jedoch von den Leghorn verdrängt. Die besseren Leistungen der Leghorn und vielleicht auch der Drang, eine neue Rasse zu besitzen, mögen die Gründe hierfür gewesen sein. Außerdem konnten die rebhuhnfarbigen Italiener wegen der Unbestimmbarkeit ihrer Farbe, Säumung und Zeichnung schwerer vor den Richtern bestehen.

Die Rasse der *Italiener* hat heute den wohl größten Züchter- und Freundeskreis. Ihre Körperform ist so ansprechend, ihre Lebenskraft so hervorragend und ihre Anpassung an unsere Verhältnisse so vorzüglich, daß sie schon um die Jahrhundertwende zum Haushuhn schlechthin wurde. Ihre Leistungsfähigkeit war überzeugend. Die Emsigkeit in der Futtersuche in den damals überwiegend zur Verfügung stehenden Freiausläufen rechnete man ihnen hoch an. Es war schon bald das Bestreben der Züchter, verschiedenste Farbenschläge von dieser Rasse, heute sind es etwa 20, zu züchten. Jedem farblichen Geschmack wurde Rechnung getragen. Für unbeschränkte Ausläufe in Feld, Wald und Wiesen eignen sich die buntfarbigen Italiener im übrigen durch ihre natürliche Schutzfarbe weitaus besser als die weißen Leghorn. Die Italiener besitzen einen beweglichen, aber doch recht kräftigen (derben), gestreckten

Italiener

Die *kennfarbigen Italiener* werden seit etwa 30 bis 40 Jahren gezüchtet und entstanden aus den rebhuhnfarbigen. Ihrer Zucht nahmen sich über diese Jahre hinweg viele Züchter an, weil die Kennbarkeit, bedingt durch den Sperberfaktor, ein zusätzliches Plus für die Zucht war,

Kennküken, Italiener: Hahnenküken hell, Hennenküken dunkel

Körperbau. Sie sind in der Aufzucht sehr schnell befiedert. Die Legereife beginnt meist schon nach 5 bis 6 Monaten. Sie sind etwa 0,5 kg schwerer als die Leghorn. Laut Standard sollte der Hahn 3 kg und die Henne 2,5 kg wiegen. Neben der Größe unterscheidet vor allem die Kammform die Italiener von den Leghorn. Typisch ist immer ein fest aufgesetzter, nierenförmiger Stehkamm ohne Beulen und Mulden, dessen abgerundete Kammfahne ohne aufzuliegen der Nackenlinie folgt. Die 4 bis 5 gleichmäßigen, breit angesetzten Zacken reichen bis in die Mitte des Blattes, und ihre Mittellinien verlaufen zum Auge. Das Gesicht ist rot durchblutet. Weiterhin zieren, zum Kopf passend, Kehllappen, rote, feurige Augen sowie mittelgroße, ovale, flach anliegende Ohrscheiben von reinem weißem Gewebe den Kopf eines Italiener-Huhnes. Die selteneren Farbenschläge zeigen verschiedene Formabweichungen und erreichen niemals die Legeleistung der rebhuhnfarbigen bzw. kennfarbigen Italiener.

denn wer zieht gern unnötig viele Junghähne auf. Zweitens weiß man genau, wie viele Hennenküken man besitzt. Die Kennbarkeit der Eintagsküken ist das Hauptmerkmal des Farbenschlages. Oberstes Gebot muß es sein, dieses Merkmal der Kükenfärbung in der Zucht hundertprozentig zu garantieren. Auch Einkreuzungen anderer Farbschläge dürfen den Züchter nicht von diesem Gebot abbringen. Der kennfarbige Hahn zeigt als Grundfarbe am ganzen Körper kräftige Sperberung, Schwanz, Brust und Schenkel sollten am stärksten gezeichnet sein. Das reichliche Gold im Halsbehang, das kräftige Rot auf den Flügeldecken, der warme Messington mit Goldschimmer im Sattelbehang ergeben ein besonders reizvolles Farbbild. Das Flügelschild sollte von dunkelgrau über gelb, rot bis hellgrau gewellt sehr gut zu sehen sein. Die Handschwingen sind nur gesperbert. Hierauf ist besonderer Wert zu legen, wenn man die Kennbarkeit garantieren will. Die Hennen sind in der Grundfarbe rebhuhnfarbig, nur ganz matt schieferblau im Mantelgefieder

73

gesperbert; dagegen sollte der Hals klare Sperbereinlagen zeigen. Da dieser Farbenschlag trotz seiner Kennbarkeit und schöner Farbe nichts von seiner Legeleistung eingebüßt hat, widmen sich ihm immer mehr Liebhaber und Züchter, sogar große Zuchtbetriebe stellen sich auf diesen Farbenschlag um.

Bei den mittelschweren Wirtschaftsrassen stehen die *New Hampshire* im Augenblick an der Spitze der beliebten Rassen. Sie wurden aus den Rhodeländern und einheimischen Landhühnern in den Bergen von New Hampshire (USA) herausgezüchtet. Man wollte damit ein frohwüchsiges Huhn haben, das sich schnell befiedert und frühreif ist. Vorher wiesen nur die leichten Rassen diese Merkmale auf. Von den USA aus hat sich diese Rasse überallhin wegen ihrer guten Nutzeigenschaften verbreitet. Seit

New Hampshire

1950 finden wir sie auch bei uns. Der Hahn dieses wetterharten Zwiehuhns hat ein Lebendgewicht von 3,5 kg und die Henne von 2,25 kg. Das entspricht einem beachtlichen Schlachtgewicht. Wichtige Nutzeigenschaften sind weiterhin das schnelle Wachstum, die rasche Befiederung und die frühe Reife bei bester Vitalität. Bevor es diese Rasse gab, war eine schnelle Befiederung auf leichte und lebhafte Mittelmeerrassen beschränkt. Die Legeleistung liegt zwischen 180 und 200 Eiern, das wurde schon mehrmals bei Hühnerleistungsprüfungen bewiesen. Die Schalenfarbe der Eier ist gelb bis braun. Die New Hampshire werden in der Rassegeflügelzucht wie auch in der Wirtschaftsgeflügelzucht immer häufiger gehalten. Der Bruttrieb ist im allgemeinen sehr gering, es sei denn, daß ein Züchter bei der Verpaarung immer wieder die brütigen Hennen zur Zucht verwendet. Damit wird die Brütigkeit im Stamm verankert. Die New Hampshire besitzen einen gut entwickelten Einfachkamm von mittlerer Größe. Bei der Henne ist der Hinterteil des Kammes oft nach der Seite umgelegt. Sämtliche nackten Kopfteile sind leuchtend rot. Die Augen sind im Verhältnis auch recht groß und sollten eine leuchtend rote Regenbogenhaut haben. Der Rumpf der Tiere ist tief und breit, mit breiter vorgewölbter Brust. Bei der Henne ist der Legebauch gut entwickelt. Von oben betrachtet, sollte der Rücken recht breit sein. Im Standard wird er mit mittellang angegeben. Auf dieses Merkmal ist bei der Auswahl der Zuchttiere besonderer Wert zu legen, denn unter dem Rücken liegt der Eierstock, der für die Vorbereitung der kontinuierlichen Legeleistung Platz benötigt. Die gelben Läufe dieser Rasse sind ein Zeichen dafür, daß das Gelbpigment im Körper vorherrscht, so daß auch der Schlachtkörper mit einer gelben Haut recht appetitlich aussieht. Die Farbe des Mantelgefieders ist Rotbraun. Die Hähne leuchten in einer Dreiklangfarbe. Das Schmuckgefieder ist bei ihnen gegenüber den anderen Behängen dunkelrotbraun abgesetzt, der Unterhals trägt eine leichte schwarze Zeichnung, und der Schwanz ist schwarz.

In der Größe ähnlich sind die hellen *Sussex,* die man schon um die Jahrhundertwende in Europa einführte. Sie wurden aus Landhühnern Südenglands herausgezüchtet. Man wollte hier ein Huhn mit besonders zartem, weißem Fleisch

Sussex

Haut, weiße Läufe und demzufolge auch weißes Fleisch. Man lobt dessen besondere Zartheit. Sie sind leicht zu mästen, aber legen infolgedessen nur etwa 160 bis 180 Eier mit gelblicher Schale. Die Eier sind kunstbrutfest, dennoch werden die Sussex gern als Bruthennen verwendet. Die Henne ist eine sichere Brüterin und führt die Küken gut. Der kastenförmige, annähernd rechteckige Rumpf, der fast waagerecht getragen wird, und der flaumige Legebauch der Hennen bieten gute Voraussetzungen dafür, mehr Eier unterzulegen, als es bei leichteren Rassen möglich wäre. Obwohl es die hellen Sussex auch schon 80 Jahre in Deutschland gibt, konnten sie noch nicht die Verbreitung finden, die die New Hampshire in kurzer Zeit erreicht haben.

Außer den anerkannten Wirtschaftsrassen gibt es noch eine Anzahl anderer wirtschaftlicher Rassen, die keine so große Verbreitung gefunden haben. Diese Rassen werden nicht oder nur selten in großen Herden gehalten. Dazu rechnen folgende Rassen, die in drei Gruppen aufgeteilt sind. In der Gruppe der mittelschweren Wirtschaftsrassen wiegt der Hahn etwa 3 bis 4 kg und die Henne 2,5 bis 3,5 kg.

Die *Amrock* sind in Nordamerika als robuste vielseitige Wirtschaftsrasse seit 1874 unter dem Namen Barred Rock bekannt. Nach 1945 wurden sie in Deutschland eingeführt. Sie haben eine grobe Streifung und stammen von den Plymouth-Rock ab. Durch die grobe Streifung sind bereits 80 bis 90 % der Eintagsküken als Hähnchen bzw. Hühnchen zu erkennen. Ein wichtiges Merkmal ist, daß die Küken spätestens im Alter von 5 Wochen voll befiedert sind. Die Eier sind kunstbrutfest und schwach braun. Das Bruteiermindestgewicht beträgt 58 g. Brutlust ist kaum zu beobachten. Der Körper zeigt ein schwaches gelbes Hautpigment.

Die *Australorp* tragen den Namen ihres Ursprungslandes. Das einfarbig schwarze Huhn mit sehr viel Grünlack stammt aus Australien. Es wurde dort etwa 1923 aus der Rasse Orpington und einheimischen Landhühnern herausgezüchtet. 1929 fand es die Anerkennung als Rasse. Sie wurde erst nach 1945 in Deutschland eingeführt. Die Australorp sind sehr schnellwüchsig und frühreif und legen fleißig, das ha-

haben. Nach ihrer Einführung interessierten sich zunächst nur die Rassegeflügelzüchter für sie. Wegen ihrer guten Nutzeigenschaften hat auch die Wirtschaftsgeflügelzucht Interesse an ihnen gefunden, so daß die hellen Sussex vor etwa 40 Jahren als Wirtschaftsrasse anerkannt wurden. Es gibt einige Farbenschläge.
Der kleine Einfachkamm, das rote Gesicht und schöne rote bis rotgelbe Augen passen gut zu dem weißen großen Huhn. Der Hahn wiegt 3,5 bis 4 kg, die Henne 2,5 bis 3 kg. Halsbehang und Schwanz sind schwarz. Man spricht hier von einer Columbiazeichnung, die die hellen Sussex von allen Rassen in höchster Vollendung zeigen. Die schwarze Feder ist bei ihnen noch weiß gesäumt; besonders in der Halsbefiederung kann das die Züchter begeistern. Wertvolle Tiere zeigen auch weißgesäumte Deckfedern bzw. Sichelfedern. Die Sussex zählen zu den Zwiehühnern mit guten Legeleistungen und gutem Fleischertrag. Sie haben eine weiße

Amrock

kannt. Für die Linien mit doppeltgesäumten Federn fordert man, daß jede Feder einen bzw. zwei breite schwarze Säume zeigt. Auch der betont geschwungene Rücken ist eine rassetypische Form. Das wichtigste in der Barnevelderzucht bleibt aber nach wie vor das tiefbraune Ei. Die Farbe läßt allerdings im Laufe des Legejahres, besonders am Ende der Legeperiode, in der Schalenfarbe etwas nach. Nach einer Legepause oder nach der Mauser haben die Eier wieder die sehr dunkle Farbe. Die Barnevelder besitzen ein gelbes Hautpigment und brüten kaum. Das Mindestgewicht der Bruteier beträgt 60 g.

Blausperber bzw. *Niederheimer* kommen ebenfalls aus Holland. Sie kamen 1928 als »Nordholländische Blaue« nach Deutschland. Sie verschwanden aber wieder fast völlig, da man zu dieser Zeit keine neuen Rassen in

ben sie bei Leistungsprüfungen schon bewiesen. Sie besitzen als Fleischhuhn weißes Fleisch und eine helle Haut. Das Mindestgewicht der Eier beträgt 55 g. Die Schalenfarbe der Eier ist gelblich. Brutlust ist kaum vorhanden, aber brütige Hennen sind gute Führerinnen.

Barnevelder sind eine holländische Züchtung, die ihre Entstehung in erster Linie den Anforderungen des Marktes verdankt. Die Eierkäufer verlangten immer wieder ein ausgesprochen schönes Ei mit tiefbrauner Schale. Nach Angaben niederländischer Züchter sind zur Herauszüchtung bodenständige Landhühner, Langschan und Wyandotten verwendet worden. Als Rasse wurden die Barnevelder erstmals 1921 gezeigt. Die rassetypische Doppelsaumzeichnung der Federn entstand erst etwas später durch die Einkreuzung Indischer Kämpfer. Die Farbe der Federn wird nicht so genau genommen. Heute sind mehrere Farbenschläge aner-

Australorp

76

Deutsche Reichshühner

Deutsche Reichshühner sind nicht aus alten deutschen Landhuhnschlägen hervorgegangen, sondern aus ausländischen Rassen gezüchtet worden. Nach 1900 trat Cremat mit der Aufforderung an die Öffentlichkeit, ein »deutsches Nationalhuhn« zu schaffen. Er empfand es als unerträglich, daß deutsche Züchterkunst sich auf die Fortentwicklung ausländischer Rassen beschränken mußte. Das Anliegen, eine groteske Übertragung des deutschen Nationalismus der Jahrhundertwende auf die Hühnerzucht, führte jedoch zu einem brauchbaren Ergebnis. Im Jahre 1908 wurden erstmals Deutsche Reichshühner mit gutem Erfolg zur Junggeflügelschau in Hannover gezeigt. Als Ausgangsmaterial zur Züchtung der einfarbigen weißen Reichshühner fanden rosenkämmige Orpington, rosenkämmige Minorka, Wyandotten und La-Flèche des weißen Farbschlages Verwendung. Kurz danach wurden auch Reichshühner mit schwarzer Hals- und Schwanzzeichnung gezüchtet. Diese beiden Schläge sind bis heute noch die bedeutendsten dieser Rasse, wenn auch inzwischen noch mehrere andere anerkannt wurden. Ihre kraftvolle, aber doch elegant gestreckte Landhuhnform mit straff anliegendem Gefieder und Rosenkamm brachte der Rasse viel Anerkennung ein. Mit ihrem Rosenkamm waren die Deutschen Reichshühner für alle Gegenden in Deutschland geeignet. Sie sind vom Charakter her zutraulich. Sie legen rahmgelbe Eier mit einem Mindestgewicht von 55 g. Die Hennen, wenn sie brüten, sind ihren Küken gute Mütter. Der Bruttrieb wurde in den letzten Jahren in der Züchtung immer mehr zurückgedrängt. Ihre Haut ist weiß, auch bei den neueren dunklen Farbschlägen. Die Läufe und der Schnabel sind weiß, also ohne jegliches Gelbpigment, und nur bei den dunkleren Schlägen dunkel angelaufen. Das Gesicht und die großen Augen sind rot. Leider hat diese Rasse niemals die Verbreitung gefunden, die sie verdient.

Dresdner stellen eine unserer jüngsten Rassen dar. Sie wurden aus feingliedrigen Leistungstieren der Wyandotten, Rhodeländer und New Hampshire in Dresden gezüchtet. Diese Rasse entstand in den Jahren 1948 bis 1953, in einer Zeit, in der die schwer zerstörte Stadt Dresden durch regen Wiederaufbau ein neues Gesicht erhielt. Die Geschichte der Rasse ist eng verbunden mit der Geschichte der Stadt

Deutschland anerkennen wollte. Das frohwüchsige und recht wetterharte Huhn mit einem beachtlichen Gewicht und dem frühen Legebeginn hat erst nach dem zweiten Weltkrieg in den beiden deutschen Staaten so recht Fuß fassen können. Beim Wettlegen 1942/43 in Krefeld konnte ein Stamm von 10 Tieren eine Leistung von 1998 Eiern mit einem Durchschnittsgewicht der Eier von nahezu 58 g erreichen. Diese vorzüglichen Legeleistungen wurden 1960/61 mit 211,6 Eiern je Henne und 58,1 g wiederholt und bewiesen die Stabilität der Rasse. Die Blausperber werden inzwischen in mehreren Farbenschlägen gezüchtet, von denen besonders die Kennsperber (Kennbarkeit der Küken, ob Hähnchen oder Hühnchen) eine besondere Bedeutung erlangt haben. Sie sind weißhäutig, ihr kurzfasriges weißes Fleisch ist von hoher Qualität. Die Eier sind kunstbrutfest und wiegen etwa 55 g. Die Schalenfarbe ist gelb bis hellbraun. Bruttrieb ist teilweise vorhanden.

Dresdner

Dresden. Vom Charakter her sind die Dresdner Hühner ruhig und haben ein zutrauliches Wesen. Sie begnügen sich auch, wie es in einer Stadt oft nicht anders möglich ist, mit kleinen Ausläufen. Durch seinen Rosenkamm ist dieses Zwiehuhn gegen Kälte recht unempfindlich, also wetterhart. Es ist ein schnellwachsendes Huhn mit zartem, schmackhaftem Fleisch. Dresdner werden in zwei Farbenschlägen gezüchtet und besitzen gelbe Läufe und Schnäbel. Der gesamte Körper zeigt ein Gelbpigment. Die Farbe der Eier ist gelbbraun, sie haben ein durchschnittliches Gewicht von 55 g.

New Hampshire wurden auf der Grundlage der Rhodeländer in über 30jähriger Zuchtauslese in New Hampshire (USA) geschaffen. Die besonderen Kennzeichen der Rasse sind schnelles Wachstum, Frühreife, frühe Befiederung, große Vitalität und sehr gute Mastfähigkeit. Das Wichtigste war aber die Legeleistung. Der braune Farbenschlag der Rasse wurde in seiner Heimat bereits 1935 anerkannt, aber erst nach 1945 wurde die Rasse in Europa bekannt. Heute gibt es keine Ausstellung mehr, die nicht New

Hampshire zeigt. Durch die zielgerichtete Auslese, besonders auf Legeleistung, haben die Tiere eine wesentlich hellere Farbe als die braungoldenen Rhodeländer. Durch ihr ruhiges Wesen eignet sich diese Rasse auch für kleine und niedrig begrenzte Ausläufe. Wenn den Tieren ein größerer Auslauf geboten wird, sind sie sehr rege im Futtersuchen. Bedingt durch Körpergröße und Wesen kommt es vor, daß die Tiere, besonders in kleinen Ställen und kleinen Ausläufen, nach dem ersten Legejahr in der Mauserzeit viel Fett ansetzen. Deshalb ist es ratsam, sie während dieser Zeit mäßig zu füttern und das Futter auch einmal genau abgewogen zuzuteilen. Sie dürfen jedoch nicht hungern. Der älteste und bei Züchtern, aber auch Haltern beliebteste Farbschlag sind die Goldbraunen. Beim Hahn ist die goldbraune Farbe zwischen Hals, Schulterdecke und Sattel in verschiedenen Farbtönen abgesetzt und ergibt bei wertvollen Tieren einen Dreiklang. Die Henne ist in der Gesamttönung gleichmäßiger, mitunter etwas heller als der Hahn. Außer den braunen sind noch weiße Tiere bekannt, die aber keine so große Verbreitung gefunden haben. Die New Hampshire legen braune Eier mit einem Gewicht von 58 g. Der Bruttrieb ist gering. Sie haben Gelbpigment im Körper. Der charakteristische Kopf wird durch einen mittelgroßen Asiaten-Kamm, dazu passende Kehllappen, ein rotes Gesicht und leuchtend rote Augen bestimmt. Von diesen schönen Hühnern sind viele Züchter ebenso begeistert wie von den guten Nutzeigenschaften der Rasse.

Plymouth-Rock sind amerikanischen Ursprungs und sollen von Bennett in der Mitte des vorigen Jahrhunderts gezüchtet worden sein. Sie führen ihren Namen nach Bennetts Heimatstadt Plymouth (USA) und haben unzweifelhaft Blut der alten amerikanischen Dominikanerhühner. Nach viel Züchterfleiß war die Rasse Ende der siebziger Jahre des vorigen Jahrhunderts in Farbe und Zeichnung konstant. Danach wurden die Plymouth-Rock zu einer der verbreitetsten Hühnerrassen in den USA. 1879 brachte sie Kapitän Becker von New York nach Greifswald. Sie erfreuten sich sofort großer Beliebtheit und fanden weite Verbreitung. Im Jahr 1901 wurde die Vereinigung der Züchter gesperberter Plymouth-Rock gegründet. Im Jahre 1909 wurde »gesperbert« durch »gestreift« ersetzt, da diese Bezeichnung tref-

Plymouth-Rock

fern. 1980/81 brachte es in Coswig bei Dresden eine Rhodeländerhenne auf 265 Eier mit 14 kg Gesamteimasse. Andere Hennen legten zwischen 176 und 242 Eier in 11,5 Monaten. Bei der Einschätzung der Leistung ist zu berücksichtigen, daß die Tiere aus einer Rassegeflügelzucht stammten, die auch auf Ausstellungen im Hinblick auf Typ, Form, Farbe und Kopfpunkte hohen Ansprüchen genügte. Rhodeländer stammen aus den USA, und zwar von Rhode Island. Sie sind hauptsächlich unter Verwendung von Cochin und roten Malaien gezüchtet worden. Ihre Entstehungsgeschichte läßt sich in der Literatur bis in das Jahr 1846 zurückverfolgen. In der Heimat der Rhodeländer herrschte ein rauhes, naßkaltes Klima, das die Hühnerhaltung ungemein erschwerte, ja an manchen Stellen fast unmöglich machte. Auch heute noch sagt man ihnen nach, daß sie sehr unempfindliche robuste Hühner sind. Im Jahre

fender ist. Schon damals war eine gerade Streifung, wenn auch noch breiter als heute, zu erkennen; gesperbert bedeutet ja immer unregelmäßig und gebogen. Der zarte rote Kopf mit einem schönen gezackten Einfachkamm, dazu die aparte Streifung, die gelben Läufe und die kräftige, mäßig gestreckte Form ergeben ein ansprechendes Bild. Heute werden sie in mehreren Farben gezüchtet, die aber alle nicht die Verbreitung der gestreiften erreichten. Plymouth-Rock legen gelbliche Eier mit einem Mindestgewicht für Bruteier von 55 g. Ein geringer Bruttrieb ist vorhanden. Als Küken sind sie recht lange nackt, da die Federn der engen Streifenzeichnung sehr langsam wachsen. Durch diesen Nachteil ist in den letzten Jahren ein starker Rückgang zugunsten der Amrock zu verzeichnen, die noch heute eine grobe Streifung besitzen und sich deshalb schneller befiedern.

Rhodeländer zählen ebenfalls zu den Zwiehühnern, Hühnerrassen, die neben einem hohen Fleischertrag auch einen hohen Eierertrag lie-

Rhodeländer

1901 wurden die Rhodeländer nach Deutschland eingeführt, wo sie schnell Verbreitung fanden. Durch ihr ruhiges und in hohem Maße zutrauliches Wesen eignen sie sich besonders für solche Halter, die ihren Hühnern nur beschränkte Auslaufmöglichkeiten bieten können. Nach wie vor ist in den verschiedenen Stämmen Bruttrieb vorhanden. Wer also Küken selbst ausbrüten will und Rhodeländer hält, wird zur rechten Zeit über einige Glucken verfügen. In Anbetracht ihrer Größe kann man diesen Glucken eine ansehnliche Zahl von Bruteiern unterlegen, die sie in der Regel zuverlässig ausbrüten. Auch sind sie in der Führung und Betreuung der Küken sehr umsichtig und gewissenhaft. Sie legen gelbe bis braune Eier mit einem Gewicht von 55 g. Sie sind kunstbrutfest. Die Läufe, die Haut und der Schnabel sind gelb.

Sussex sind aus den seit ungefähr 180 Jahren in den Grafschaften Sussex und Kent bekannten, sich durch hohen Eier- und Fleischertrag auszeichnenden Landhühnern herausgezüchtet worden. Später wurden die Sussex durch Einkreuzung asiatischer Rassen erheblich schwerer. Wegen ihrer guten Eigenschaften fanden sie Anfang des 20. Jahrhunderts auch Verbreitung in Deutschland und wurden sogar später als anerkannte Wirtschaftsrasse geführt. Im Legen sind die Sussexhennen aus guten Leistungszuchten fleißig. Die gelbschaligen Eier haben ein Gewicht von 55 g. Es wird oft überboten. Die Hennen sind früh legereif und als gute Winterleger bekannt. Sie brüten zuverlässig, führen und betreuen ihre Kükenschar vortrefflich. Bei älteren Tieren ist die Brutlust oftmals sehr störend.

Welsumer sind die Hühner, die die größten braunen Eier legen. Sie verdanken ihre Entstehung den holländischen Hausfrauen, die nur die größten braunen Eier auf dem Markt kauften. Die Welsumer wurden ungefähr 1910 von holländischen Bauern des Dorfes Welsum gezüchtet. Das Ziel der Züchter war ein Landhuhnschlag mit guten Nutzeigenschaften, vor allem mit großen braunschaligen Eiern. Die Gefiederfarbe war regellos bunt, und auch die Körperformen wirkten recht unterschiedlich. Wichtig war nur das große braune Ei. Um die Rasse zu einem massigen und einheitlichen mittelschweren Typ zu entwickeln, wurden alle

Welsumer

möglichen Rassen, wie z. B. Rhodeländer, Mechelner, Lachshühner und auch Kämpfer, eingekreuzt. Seit etwa 1925 wird diese Rasse in Deutschland gezüchtet. Das Ziel, große braune Eier, wurde nicht außer acht gelassen und ist bis heute Hauptmerkmal dieser Rasse. Welsumer werden nur in einem Farbenschlag, rostrebhuhnfarbig, gezüchtet. Diese schöne Wildfärbung, die der Hahn zeigt, ist besonders reizvoll durch die Dreiteilung der Färbung der Brust- und Bindenfedern; sie ist am Grunde der Federn graublau, in der Mitte braun, und am Ende sind die Federn schwarz getupft. Die Henne ist im ganzen Mantelgefieder rostbraun mit reichlich zarter Rieselung und einem hellen Nerv (Kiel). Je weiter die Rieselung auf die Schultern reicht, um so wertvoller ist das Tier. Die Rasse hat ein. ruhiges Wesen. Die Tiere überfliegen kaum die Einzäunung und eignen sich deshalb auch für die Haltung in kleinen begrenzten Ausläufen. Sie sind aber sehr rege in der Futtersuche. Ein zu kleiner Auslauf ist dann sehr schnell ohne Grasnarbe, da sie laufend scharren und nach Würmern suchen. Die Mindestmasse der Bruteier beträgt 65 g. Oft wird sie weit überboten. Der Körper besitzt Gelbpigment. Der Bruttrieb ist allgemein gering, aber in einigen Zuchten auch ausgeprägter.

Wyandotten sind nach den Italienern die Rasse, die mit 15 Farbschlägen die größte Zahl verschiedener Farbschläge aufweist. Wenn sich viele Züchter um eine Rasse bemühen, kann man immer daran erkennen, daß es eine gute Rasse sein muß. Die weißen Wyandotten sind als Wirtschaftsrasse verwendet worden. Der älteste Farbenschlag sind die silbernen Wyandotten. Sie wurden bereits 1883 als Rasse anerkannt und kamen von Amerika nach Deutschland. Es war der silberne Farbenschlag, der durch die schöne Federsäumung Aufsehen erregte. Alle anderen Farben wurden später eingeführt bzw. von deutschen Züchtern gezüchtet. Vom Charakter her sind die Wyandotten ruhige Hühner mit einem zutraulichen Wesen. Sie begnügen sich auch ohne Schwierig-

Wyandotten

keiten mit kleinen Ausläufen. Wegen seines Rosenkammes ist dieses Zwiehuhn besonders im Winter recht unempfindlich, und es gibt keinerlei Leistungsausfälle durch Erfrieren der Kammteile. Die dichte, aber dennoch flaumweiche Befiederung läßt die Tiere auch kältere Ställe ertragen. Der Stall sollte aber etwas größer sein als üblich, da die Wyandotten sehr rege umherlaufen. Bei zu geringer Bewegung verfetten sie oft schnell wie alle mittelschweren Rassen. Typisch für die Rasse sind die einfarbigen Farbenschläge. Am seltensten werden die Farben goldhalsig, silberhalsig und bunt sowie gelb und rot gezüchtet. Schwer sind außerdem die weißgoldenen, blaugoldenen und goldenen Schläge zu züchten. Alle Formen der Wyandotten haben gelbe Läufe und Schnäbel und besitzen ein gelbes Hautpigment. Sie legen etwa 53 g schwere Eier mit gelblicher bis brauner Schale, je nach Farbenschlag. Bruttrieb ist noch vorhanden, wird aber nicht lästig.

Einige schwere Rassen, die ebenfalls noch eine wirtschaftliche Lege- und Fleischleistung erbringen, möchte ich erwähnen. Sie wiegen im allgemeinen 500 g mehr als die mittelschweren Rassen.

Dorking sind eine uralte englische Rasse, die wahrscheinlich auf die Römer zurückgeht. Sie wurde um 1860 in Deutschland eingeführt. Dieses schwere, große, etwas tief stehende, lange Huhn hat einen deutlich erkennbaren Masthuhnschnitt. Es ist reich befiedert und hat einen leuchtend roten Kopf. Diese Rasse wird nur mit fünf Zehen gezüchtet. Die Eier sind weiß, ihr Gewicht sollte 55 g betragen. Die Tiere haben weißes Fleisch, Gelbpigment ist ein grober Rassefehler. Bruttrieb ist vorhanden. Vorwiegend werden die silbernen Farbenschläge gezeigt, aber auch dunkle, weiße und gesperberte werden gezüchtet.

Lachshühner stellen eine besondere Zuchtrichtung des französischen Favorolles-Huhnes dar. Als Mitte des 18. Jahrhunderts für die französischen Bauern, die in der Nähe von Städten wohnten, die Erzeugung von schmackhaftem Tafelgeflügel als zusätzliche und einträgliche Erwerbsquelle immer mehr an Bedeutung gewann, gehörte das Favorolles-Huhn zu den häufigsten Rassen. Neben guten Masteigenschaften hat diese Rasse auch eine gute Lege-

Dorking

erinnerten, nahmen die Züchter von ihnen kaum Notiz. 1891 brachte aber der erfolgreiche Cochin-Züchter Partington schwarze Orpington heraus, die alle bisher gezeigten Tiere hinsichtlich Schwere und Größe übertrafen und sich durch ein sehr bauschiges und glanzvolles Gefieder auszeichneten. Dieser Typ fand allgemein Anerkennung, und die Orpington wurden zum englischen Modehuhn. Ab 1908, nachdem nochmals Tiere eingeführt worden waren, ging es auch in der Zucht mit den in Deutschland eingeführten Orpington aufwärts. Die eigentümliche Würfelform wird bei gutem Fleischansatz vor allem durch das üppige, lockere Gefieder hervorgerufen. Die Orpington werden in mehreren Farben gezüchtet, zu allen Zeiten war der gelbe Farbenschlag am häufigsten.

Wegen ihres ruhigen Charakters neigen sie besonders bei beschränkten Auslaufverhältnissen leicht zur Verfettung. Besonders während der Legepause (Mauser) sollte man zwar gutes, aber nur abgemessenes Futter bereitstellen. Die weißhäutigen Orpington haben

leistung. Seit 1912 bezeichneten die deutschen Züchter die Rasse als Lachshühner. Sie strebten mit dieser Benennung einen verfeinerten Standard an. Das Lachshuhn besitzt fünf Zehen und leichte Bestrümpfung am Außenlauf und an der Außenzehe. Weiterhin sind ein besonders starker Bart, der in Kinn- und Backenbart getrennt ist, sowie ein starker Nackenaufbausch charakteristisch für die Rasse. Der Farbenschlag lachsfarbig stellt in der Rassegeflügelzucht etwas Einmaliges dar, es gibt ihn bei keiner anderen Rasse. Später wurde noch ein weißer Farbenschlag erzüchtet, der aber keine große Verbreitung erreichte. Die Schalenfarbe der Eier ist gelblich. Die Eier sollten ein Gewicht von 55 g haben, sie sind kunstbrutfest. Lachshühner brüten vereinzelt. Haut und Fleisch sind hell fleischfarbig.

Orpington ist eine Mischrasse, mit deren Züchtung der Engländer Cook um 1880 begann. Er stellte seine Tiere, die das Ergebnis der Kreuzung verschiedenster Rassen waren, erstmals 1886 auf der Kristallpalastschau in London aus. Da die Tiere zu sehr an glattfüßige Langschan

Lachshühner

82

eine gute Fleischqualität, sie legen leicht gelbliche Eier, das Mindestgewicht der Bruteier beträgt 53 g. Wegen ihres ruhigen Temperamentes werden sie auch gern als Bruthennen verwendet, denn der Bruttrieb ist bei ihnen unverändert vorhanden.

Deutsche Langschan tragen ihren Namen zu Recht, da sie sich von den in anderen Ländern gezüchteten Langschan wesentlich unterscheiden. Ende des 19. Jahrhunderts wurden die verschiedensten Formen von Langschan, teilweise sogar mit Fußwerk, aus China nach Deutschland eingeführt, z. B. waren die Croad-Langschan, die heute noch vereinzelt gezüchtet werden, stark bestrümpft. Die Deutschen Langschan haben es niemals zu einer großen Verbreitung gebracht. Wir verlangen unbefiederte Läufe und eine ansteigende Rückenlinie mit kurzer Schwanzbefiederung, dadurch prägt sich besonders bei den Hennen die sogenannte

Orpington

Deutsche Langschan

»Zuckerhutform« deutlich aus. Die Langschan sind gegen Kälte und Hitze gleichermaßen unempfindliche Hühner mit guten Wirtschaftseigenschaften. In beschränkten Ausläufen gehalten, müssen sie, weil sie ziemlich starke Fresser sind, vorsichtig gefüttert werden. Sie neigen stark zur Verfettung. Ihre Eier sind braungelb, die Mindestmasse soll 55 g betragen. Bruttrieb ist vorhanden, aber durch die etwas überhohen Beine sind sie zur Brut nicht so recht geeignet, obwohl die Hennen recht ruhig und fest sitzen.
Bei den leichten Rassen wiegt der Hahn 2 bis 2,5 kg, die Henne 1,5 bis 2,5 kg.

Altsteirer sind aus den alten bodenständigen Landhühnern der Steiermark hervorgegangen. Da diese Rasse im Heimatland als **Nutzgeflügel**

Altsteirer

säumung mögen daran Schuld haben, daß sie nie eine größere Verbreitung erreichten. Es gibt bei dieser Rasse nur einen Farbenschlag taubenblauer Grundfarbe. Jede Feder muß eine deutlich erkennbare schwarze Säumung aufweisen. Der Hals- und Sattelbehang der Hähne ist glänzend blauschwarz gefärbt. Aus züchterischen Gründen ist der Hahn im Farbton etwas dunkler als die Henne. Ihre wirtschaftlichen Leistungen befriedigen durchaus. Auch sie verkörpern von der Figur her den leichten Wirtschaftstyp. Die Eier sind weißschalig und etwas größer als die der Italiener.

Kastilianer sind eine spanische Rasse und werden nur im schwarzen Farbenschlag gezüchtet. Nach Düringen sollen sie die Vorfahren der Minorka, Spanier und Andalusier sein. Sie legen weiße Eier und besitzen eine helle Haut ohne Gelbpigmente. Sie haben nichts mit der Rasse der Italiener zu tun, obwohl ein Laie sie auf den ersten Blick für Italiener halten könnte.

geschätzt wird, trifft man sie fast auf allen steirischen Bauernhöfen an. Es ist ein mittelschwerer Landhuhntyp von kräftiger, robuster Figur und weißer Haut, ein feinfleischiges Mastgeflügel. Die Eier sind weißschalig und mittelgroß, ein Bruttrieb ist kaum vorhanden. Man züchtet hauptsächlich den wildfarbenen Schlag. Das charakteristische Merkmal dieser Rasse ist der Federschopf, der hinter dem Kamm sitzt und bei der Henne merklich größer ist als beim Hahn. Die Hähne zeigen oft nur angedeutet einzelne borstenartige Federbüschel. Durch den Schopf wird der Kamm, besonders bei der Henne, nach vorn geschoben, so daß die für diese Rasse typische Falte im Kamm, der Wikkelkamm, entsteht.

Andalusier sind eine Rasse spanischer Herkunft. Sie bestechen vor allem durch ihre eigenartige Gefiederfarbe. Sie sind in England unter Verwendung von Spaniern und Minorka gezüchtet worden. Sie fanden in Züchterkreisen schnell Anklang und gelangten 1872 erstmals nach Deutschland. Das Aufspalten in verschiedene Nebenfarben und die Schwierigkeiten bei der Herauszüchtung einer guten Feder-

Andalusier

Kastilianer   Deutsche Sperber

Brakel wurden in ihrem Heimatland früher auch Bräkel genannt. Die Rasse verdankt ihre Entstehung belgischen Züchtern. In Deutschland, wo später eine eigene Zuchtrichtung eingeschlagen wurde, tauchten die ersten Brakel in den Jahren 1902/03 auf. Eine weite Verbreitung war ihnen trotz ihrer guten Nutzeigenschaften nicht beschieden, wahrscheinlich wegen ihrer Bänderzeichnung, die nach der alten Musterbeschreibung nur in Zweistammzucht zu erreichen war. Brakel werden in den zwei Farbenschlägen Silber und Gold gezüchtet. Es sind stattliche Hühner in einer derben, aber gefälligen Landhuhnform mit mittelhoher Stellung. Die Schalen der besonders bei freien Ausläufen doch recht zahlreich gelegten Eier sind weiß. Brutlust ist nicht bzw. kaum vorhanden.

Deutsche Sperber, die aus den gesperberten Minorka hervorgegangen sind, werden nur in einem Farbenschlag gezüchtet. Sie verkörpern eine etwas kräftige Landhuhnform und sind mittelhoch gestellt. Das fest anliegende Gefie-der zeigt eine klare Sperberzeichnung, die beim Hahn um 30% heller ist als bei der Henne. Sie besitzen weißes Fleisch und eine weiße Haut, sind ziemlich schnellwüchsig und fast ohne Brutlust. Sie werden gern zu Kreuzungen verwendet. Die Eier sind recht groß und reinweiß. Eine große Verbreitung haben sie niemals gefunden.

Hamburger sind schöne, elegante und feingeformte Hühner. Sie haben ein langes und volles Gefieder, was die feinlinige Landhuhnform unterstreicht. Ein zierlicher Rosenkamm und die runden weißen Ohrscheiben unterstreichen das Bild eines eleganten Huhnes. Es gibt drei Gruppen von Farbschlägen: einfarbig in Schwarz und Weiß, schwarz auf weiß getupft bzw. schwarz auf gold getupft sowie die Silbersprenkel und Goldsprenkel. Letztere wiegen oftmals nicht mehr als unsere schwersten Zwerghuhnrassen. Wenn sie auch schon bei Leistungsprüfungen Jahresleistungen von 180 Eiern gebracht haben, so haben sie dennoch

Hamburger

sert worden sind, in der Zeichnung der Feder hat uns die Natur wohl Grenzen gesetzt, und die Zuchtrichter werden immer Zugeständnisse machen müssen. Für den Liebhaber bieten die Italiener ein reiches Betätigungsfeld. Sie legen durchweg fast weiße, die etwas selteneren Schläge, die oft Blut von anderen Rassen aufgenommen haben, leicht gelbliche Eier. Brutlust ist kaum oder nicht vorhanden. Alle Arten der Italiener sind gelbhäutig und haben gelbe Läufe.

Kraienköppe werden silberhalsig und goldhalsig gezüchtet. Sie weisen in den Kopfpunkten und in der Kammform große Ähnlichkeit mit den Malaien auf. Unzweifelhaft handelt es sich bei ihnen um einen sehr alten Landhuhnschlag. Über ihren Ursprung ist nichts Genaues bekannt. Dem Gesamteindruck nach sind die Kraienköppe kräftige, schnittige Landhühner mit Wulstkamm, einem kämpferartigen Ausdruck, straff anliegendem knappem Gefieder. Charakteristisch ist der deutlich hervortretende Schenkel. Neben ausreichendem Fleischansatz

niemals einen größeren Liebhaberkreis gefunden. Besonders die Züchtung der gesprenkelten Farbenschläge ist schwierig, zumal hier hahnen- und hennenfiedrige Tiere gehalten werden. Sie legen weiße Eier und brüten nicht.

Italiener werden außer rebhuhnfarbig und kennfarbig noch in etwa 18 Farbenschlägen einfachkämmig gezüchtet. Neuerdings werden diese Schläge auch rosenkämmig vorgestellt. Eine ganze Anzahl davon wurde schon anerkannt. Mit dieser Kammform geht aber das Edle der Italiener verloren. Die Züchter, die den Rosenkamm lieben, sollten sich anderen rosenkämmigen Rassen zuwenden und nicht mit alten Rassetraditionen brechen. Große Schwierigkeiten mit der Erhaltung der edlen Italienerform, aber auch mit der Federfarbe hat die Zucht der blaugoldenen, weißgoldenen, roten und blauweißen Farbenschläge. Diese, besonders die gesäumten, werden wegen ihrer besonderen Federart wohl kaum eine so schöne Federstruktur wie die rebhuhnfarbigen erreichen. Wenn auch die Kopfformen in den letzten Jahrzehnten recht ansprechend verbes-

Kraienköppe

86

züchtet man die Kraienköppe auf hohe Legeleistungen, so daß man sie nicht der Gruppe der Kämpfer zuordnen kann. Bei dem Wettlegen 1937/38 in Krefeld erzielten sie eine durchschnittliche Legeleistung von 219,8 Eiern je Henne mit einem Gewicht von 53,1 g je Ei, 1964/65 214 Eier je Henne mit einem Gewicht von 56,3 g je Ei. Damit erwies sich diese Rasse als sehr beständig. Die Schalenfarbe der Eier ist weiß bis hellgelb. Die Läufe sind gelb. Das Hautpigment ist aber nicht so gelb wie beispielsweise bei den Italienern.

Die *Leghorn* des Rassegeflügelzüchters haben ein äußerst lebhaftes Temperament und sind unermüdliche Futtersucher. Ihre Brutlust ist sehr mangelhaft. Dabei ist zu berücksichtigen, daß sie wegen ihres geringen Körpergewichts und ihres schlanken Körpers nur wenige Bruteier bedecken. Sie legen weißschalige Eier mittlerer Größe. Bei entsprechender Unterbringung und Fütterung legen sie auch im Winter sehr gut. Eine Besonderheit ist der reich gefüllte Schwanz, besonders bei den Hähnen. Haut und Läufe sind gelb pigmentiert.

Minorka

Leghorn

Minorka führen ihren Namen vermutlich nach der spanischen Insel Menorca und gehen auf alte spanische Landhühner zurück. In ihrer Heimat wurden sie ursprünglich als »Kastilische Hühner« bezeichnet. Englische Züchter veredelten diese Rasse. Seit 1834 nennt man sie in England Minorka, von dort aus gingen sie in die verschiedensten Länder. Ende der siebziger Jahre des vorigen Jahrhunderts tauchten sie erstmals in Deutschland auf. Hier fanden sie als fleißige Leger großer, bis 70 g wiegender, weißschaliger Eier eine rasche Verbreitung. Heute präsentieren sich die Minorka als große, kräftige, langgestreckte Hühner mit stolzer imponierender Haltung und gut entwickeltem, fest anliegendem Gefieder. Ihr besonderes Merkmal sind die Kopfpunkte. Der etwas große Kamm, die blendend weißen Ohrscheiben, das rote Gesicht, die Kehllappen und die dunkelbraunen Augen haben schon immer Liebhaber begeistert. Wegen ihrer etwas längeren Entwicklungszeit – sie legen kaum früher als im achten Lebensmonat – sind sie als Wirtschaftsrasse den Italienern und Leghorn unterlegen. Sie werden in Schwarz, aber auch vereinzelt noch in Weiß gezüchtet.

Ostfriesische Möven werden schon über 150 Jahre in Ostfriesland und den angrenzenden Gebietsteilen der Niederlande als landschaftsgebundener Landhuhnschlag gezüchtet. Durch die besondere Zeichnung der Hennen sieht eine Herde solcher Tiere wunderschön aus. Auf weißem Grund haben sie dekorative Flockenzeichnung, die über den ganzen Körper verteilt ist, ausgenommen Kopf, Hals, Oberbrust und Steiß. Die Läufe sind blau. Der Hahn ist bis auf Schwanz, Unterhals und Schenkelzeichnung reinweiß. Ein rauchgraues Untergefieder gilt als Farbreserve für die Intensivierung der Flockung. Die Flockenzeichnung kann mit den Abdrücken zweier Rehhufe verglichen werden. Je mehr Flocken eine Feder hat, um so wertvoller ist das Tier. Es werden schon Tiere gezeigt, auf deren Federn je vier Paar Flocken vorhanden sind. Der einfache rote Kamm, die roten Kehllappen, die weißen Ohrscheiben sowie die

blauen Läufe passen gut zu der Zeichnung. Die Ostfriesischen Möven legen weiße Eier von mittlerer Größe.

Rheinländer wurden in der Eifel von van Langen Anfang dieses Jahrhunderts gezüchtet. Van Langen wollte ein Huhn für Gegenden mit starken Witterungsgegensätzen züchten. Es entstand ein Huhn mit Rosenkamm, das er unter dem Namen Eifeler-Huhn vermehrte. Erst 1908 wurde es offiziell Rheinländer-Huhn genannt. 1907/08 wurde das erste deutsche Wettlegen in Lichterfelde bei Berlin durchgeführt. In der Konkurrenz standen 67 Stämme mit je einem Hahn und sechs Hennen. Das Eifeler-Huhn belegte mit 931 Eiern als Stamm überraschend den ersten Platz. Zweite wurden die weißen Wyandotten mit 798 Eiern je Stamm. Nach diesem überraschenden Erfolg der rosenkämmigen Rassen war man bestrebt, auch andere Rassen rosenkämmig zu züchten. Der Rosenkamm bot gegenüber dem Stehkamm für damalige Stallverhältnisse eine bessere Gewähr, daß die Kämme der Tiere nicht erfroren. Tiere

Ostfriesische Möven

Rheinländer

Westfälische Totleger

recht viel Grünlack. Die Rheinländer legen weiße Eier und haben keinerlei Gelbpigment im Körper. Sie weisen von allen Rassen deutscher Herkunft die besten Wirtschaftsleistungen auf und sind auch heute noch weit verbreitet.

Westfälische Totleger kann man als die südliche Form der in Silber und Gold gezüchteten Mövenhühner betrachten, doch haben die Totleger, im Gegensatz zu den einfachkämmigen Möven und Brakel, einen kleinen, fein geperlten Rosenkamm. Die Gefiederzeichnung ist bänderartig. Die Rasse entstand in abgelegenen Ortschaften Westfalens aus heimischen Landhühnern entweder durch Zuchtwahl oder durch zufällige langjährige Inzucht. Schon Mitte der fünfziger Jahre des vorigen Jahrhunderts waren auf vielen Einzelhöfen sowie in einzelnen Dörfern Westfalens die Totleger bekannt und ihres hohen wirtschaftlichen Wertes wegen geschätzt. Auftrieb erhielt die Züchtung dieser bodenständigen Rasse erst, nachdem 1904 eine Musterbeschreibung aufgestellt und 1920 ein Sonderverein gegründet worden war. Seit dieser Zeit findet man die Westfälischen Totleger, wenn auch in geringer Anzahl, im ganzen deutschsprachigen Raum verbreitet. Sie legen weißschalige Eier von mittlerer Größe. Ihre Läufe sind blau.

mit erfrorenen Kämmen setzen lange Zeit mit dem Legen aus. Zu dem recht zierlichen Kopf paßt der etwas lange, walzenförmige Körper mit dem leichten Fächerschwanz. Ein echtes Rheinländer-Huhn hat eine breite Feder mit

Rassen für Liebhaber,
die etwas Besonderes haben möchten

Unter Sportrassen versteht man Rassen, die nicht ihres wirtschaftlichen Nutzens wegen gehalten werden, sondern besonders auffallende, außergewöhnliche Merkmale besitzen. Hühner mit Hauben oder Bärten, Hühner mit überlangen oder sehr kurzen, starken Beinen, Hühner, die einen nackten Hals besitzen oder mit Hörnerkämmen wie die Teufel.

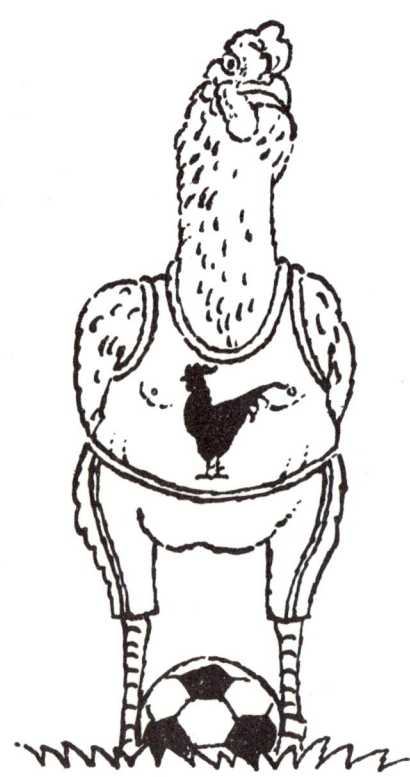

Haubenhühner sind schon aus dem 16. Jahrhundert bekannt. Sie sind also ein altes Kulturerbe, das wir erhalten und pflegen. Haubenhühner werden unterteilt, in Vollhaubenhühner und Schopfhaubenhühner.
Die Vollhaubenhühner haben auf dem Schädeldach eine Knochenwulst, eine Protuberanz.

Diese Protuberanz ist die Voraussetzung für den späteren Kopfputz, die Haube. Sie ist bei den Küken schon nach dem Schlupf vorhanden. Man kann zwei Formen unterscheiden. Die Holländer-Weißhauben haben die höchste und oft sogar etwas in Richtung Schnabel geneigte Protuberanz. Bei Tieren mit einer so geformten Protuberanz lassen sich die Hauben sehr leicht binden, das wird bei Vollhaubenrassen von Zeit zu Zeit einmal nötig, wenn sie in den Regen gekommen sind. Die Rasse der Paduaner hingegen zeigt fast durchweg eine etwas nach hinten geneigte Protuberanz. Dadurch wird das Binden der Hauben erschwert und manchmal sogar unmöglich gemacht. Die Binde rutscht immer vorn über den Schnabel ab. Hier empfiehlt es sich, besonders bei Tieren mit großen Hauben, nur die Federn oben mit einem durchsichtigen Klebeband, das keine Spuren hinterläßt, zusammenzufassen. Wird nicht aufgebunden und die Hauben werden öfters naß, kann sich ihre Form durch die Eigenlast der Federn aus geschlossenen Kugelhauben zu Scheitel- oder Tellerhauben verwandeln. Die nach hin-

ten geneigte, etwas birnenförmige Protuberanz haben auch die Houdan, Creve-cœur und Sultan-Hühner. Deshalb zählen sie ebenfalls zu der Gruppe der Vollhaubenhühner. Bei diesen drei Rassen wird im Unterschied zu den Holländer-Weißhauben und den Paduanern außer der Haube noch ein Kamm gefordert, deshalb muß die Protuberanz nach hinten geneigt sein, denn der Kamm, gleich welcher Form, braucht ja auch Platz auf dem Stirnschädel. Nur bei reinerbigen Vollhaubenhühnern ist die Erbanlage dominant. Das Schädeldach ist bei den vollhaubigen Tieren nur mangelhaft verknöchert. Es können deshalb Verluste infolge von Schädelverletzungen eintreten, wenn z. B. ein anderes Tier einem Haubenhuhn auf den Kopf pickt oder tritt oder ein Haubenhuhn, sehbehindert durch die Haube, mit dem Schädel gegen einen harten Gegenstand stößt. Vor allem bei Küken kommt es dadurch leicht zu Schäden. Deshalb sollten Haubenhuhnküken, besonders der vollhaubigen Rassen, spätestens drei Wochen nach dem Schlupf von den anderen Küken getrennt werden.

Die Schopfhaubenhühner haben keine Protuberanzen auf dem Schädeldach.

Die *Altsteirer* und *Sulmtaler* zählen trotz ihres Schopfes zu den wirtschaftlichen Rassen. Sie haben als einzige Haubenhühner keine typischen Hufeisennasen, sondern glatte Nasen wie alle anderen Hühnerrassen. Zudem tragen sie einen Einfachkamm, der bei der Henne als Wickelkamm ausgebildet sein soll. Das ist hier ein Rassemerkmal und kein grober Fehler wie bei anderen Hühnern. Durch den Schopf, der besonders bei der Henne ausgeprägt ist, wird bei diesen Rassen der normale Einfachkamm nach vorn geschoben (Wickelkamm). Die Hähne zeigen einen wesentlich kleineren Schopf, der die Lage des Kammes nur wenig beeinflußt, sie haben öfters im Kammansatz einige Falten.

Eine besondere Eigenart zeigen die *Breda*. Bei dieser Rasse bildet sich an Stelle des Kammes eine Vertiefung, die wie ein Napf aussieht. Man spricht deshalb auch von einem Napfkamm. Der recht kleine, oft nur angedeutete, nach hinten geneigte Schopf steht dahinter.

Bei den Rassen Appenzeller Spitzhauben, Brabanter, Sultan-Hühner, Creve-cœur sowie La-Flèche ist die Kammanlage gespalten und bildet einen Hörnerkamm. Zu dieser Hörneranlage zeigt fast jede Rasse eine besondere, eigene Haubenform. Die Haube der Spitzhauben ist durch oder über die Hörner in Richtung Schnabel geneigt. Bei wertvollen Tieren liegen Haubenende und Schnabelende in gleicher Höhe. Die Brabanter haben ebenfalls Hörner, aber dazu eine typische Helmhaube, die gerade nach oben auf dem Kopf, hinter den Hörnern sitzt. Von Brabantern wird zudem ein Vollbart verlangt, der recht dicht und in Backen- und Kinnbart geteilt sein soll. Bei den Sultan-Hühnern und Creve-cœur, die zu den Vollhaubenhühnern zählen, ist oft bei den Hennen vom Blätter- bzw. Hörnerkamm nichts zu sehen, besonders dann, wenn die Tiere nicht legen. Bei einer Bewertung muß der Richter vorn am Haubenansatz erkennen, ob ein Kamm vorhanden ist oder nicht. Beide Rassen sollen noch viel Bart zeigen. Er sollte zumindest so lang sein, daß die Kehllappen der Hähne im Bart verschwinden und die Ohren von ihm überdeckt werden.

Die *Seidenhühner* sind wegen ihrer besonderen Federstruktur und ihrer Haube ein Anziehungspunkt in unseren Ausstellungen. Sie zählen ebenfalls zur Gruppe der Schopfhühner. In den letzten Jahren macht sich die Tendenz bemerkbar, daß Tiere mit vollem großem Schopf, oft schon mit Protuberanz, bevorzugt werden. Tiere mit einer so weichen Haubenseidenfeder leiden aber meist bei Regen. Die weichen Federn hängen dann bis in die Augen, und die Tiere finden kaum noch in den Stall. Vor dem Schopf sollten sie einen warzenförmigen kurzen Rosenkamm ohne Dorn bzw. Dornen zeigen. Seidenhühner werden je nach Farbschlag mit oder ohne Bart gezüchtet.

Die Andeutung des späteren Kopfputzes bringen die Küken schon aus dem Ei mit. Von der sechsten Woche an sollten die Haubenfedern um die Augen immer wieder verschnitten werden, damit die heranwachsenden Küken freien Ausblick haben. Im Alter von 3 bis 4 Monaten wachsen den Jungtieren stärkere Haubenfedern, die dann nicht mehr beschnitten werden dürfen, wenn später eine volle korrekte Haube gezeigt werden soll. Bei allen Tieren mit Haubenanlage ist die verstärkte Kopfhaut sehr wichtig. Sie ermöglicht eine reichliche Blutzufuhr und dadurch ein stärkeres Wachstum der Federn. Die Haubenfedern bilden sich bei den Küken erst nach den Flügelfedern. Haubenhühner legen in Abhängigkeit von der Rasse 80 bis 150 Eier im Jahr. Bruttrieb ist nur selten vorhanden.

Appenzeller Spitzhauben stammen aus der Schweiz und werden seit Jahrhunderten im Appenzeller Ländchen als bodenständiges Landhuhn gehalten. Außerhalb ihrer engeren Heimat war diese Lokalrasse früher selten an-

Appenzeller Spitzhauben

Brabanter

zutreffen. Erst im 20. Jahrhundert begann langsam die Verbreitung über Europa. Von den Züchtern wurde größter Wert auf Wetterhärte und Vitalität gelegt. Die Tiere haben viel Temperament und sind auch heute noch sehr gute Flieger. Kleinere Ausläufe sollten deshalb oben geschlossen werden. Es werden vorwiegend 3 Farbenschläge gezüchtet: getupft in Silber und Gold sowie einfarbig in Schwarz. Die Aufzucht der Küken ist problemlos. Die Eier sind kunstbrutfest, und die Küken schlüpfen recht gut. Das Normal-Ei wiegt 55 g und ist weiß. Brutlust ist bei den Tieren kaum noch vorhanden.

Eine recht alte Hauben- und Barthuhnrasse sind die *Brabanter*. Diese Rasse ist aus Holland zu uns gekommen und schon seit 1800 in Deutschland bekannt. Die Brabanter sind recht temperamentvolle Hühner, deren Sehfeld durch die typische Helmhaube nicht eingeschränkt ist. Sie nutzen lieber große als kleine Ausläufe. Sie werden in vielen Farben gezüchtet, aber keine hat eine besonders große Ver

breitung erfahren. Die Brabanter legen recht fleißig etwa 55 g schwere Eier mit einer weißen Schale. Bruttrieb ist kaum noch vorhanden, und wenn eine Henne brütet, dann sehr unsicher.

Breda sind eine sehr alte niederländische Rasse, deren Ursprung unbekannt ist. Sie besitzen einen derben Körper, der Hahn wiegt 2,5 und die Henne 2 kg. Diese Rasse hat außer dem typischen kleinen Schopf einen Napfkamm, dazu noch Stulpen und leichte Lauf- und Außenzehenbefiederung. Der Schnabel ist im Verhältnis zu anderen Rassen recht lang und etwas gebogen. Man spricht hier von einem Krähenschnabel. Sie werden in Deutschland nur in den vier Hauptfarben Schwarz, Blau, Weiß und Gesperbert gezüchtet. Die Bruteiermindestmasse sollte 55 g betragen. Die Schalenfarbe der Eier ist weiß bis gelblich. Bruttrieb ist kaum noch vorhanden.

Breda   Creve-cœur

Die *Creve-cœur* kommen aus Frankreich. Ihre Abstammung wird auf die italienischen Polverara zurückgeführt. Sie werden zwar schon viele Jahre in Deutschland gezüchtet, konnten aber niemals festen Fuß fassen. Im Mutterland sollen die Hähne bis zu 4 kg wiegen. Wir sind zufrieden, wenn wir Tiere mit 3 bis 3,5 kg zu Gesicht bekommen. Die Creve-cœur waren in Frankreich durch ihren Hörnerkamm, die volle Haube und den Bart geschätzte Schönheiten. Sie wurden aber vorwiegend für Mastzwecke verwendet, daher auch das hohe Gewicht. Sie werden in den vier Hauptfarben gezüchtet, haben aber nie eine große Verbreitung gefunden. Die Schalenfarbe der Eier ist weiß. Ein Gewicht von mindestens 55 g sollte eingehalten werden. Bruttrieb ist noch vorhanden. Er ist in den verschiedenen Zuchten aber recht unterschiedlich ausgeprägt.

Holländer-Weißhauben sind seit Jahrhunderten bekannt, ohne daß über ihre Herkunft Genaues überliefert ist. Sie haben schon die verschiedensten Namen getragen. Erst nach 1870 setzte sich die noch heute gebräuchliche Bezeichnung Holländer-Weißhauben durch. Ihrer ganzen Erscheinung nach sind die Holländer mehr ein Zierhuhn als ein Nutzhuhn, obwohl die Legeleistung gut durchgezüchteter Stämme durchaus befriedigt. Hauptbedingungen für ihre erfolgreiche Haltung sind Ausläufe mit trockenem, möglichst sandigem Boden, der das Regenwasser sofort aufsaugt. Dadurch bleiben die Haubenfedern, mit denen die Hühner bei der Nahrungssuche den Boden berühren, sauber, und man braucht nicht so oft eine vorbeugende Wäsche durchzuführen. Nach jedem Waschen müssen die Hauben gebunden werden, bis sie trocken sind, das macht viel Arbeit. Weißhauben werden in verschiedenen Farbenschlägen gezüchtet. Am verbreitetsten sind die Schwarzen, aber auch Gesperberte, Blaue und Weiße werden gern gehalten. Vereinzelt gibt es schwarzweiß gescheckte Tiere. Früher wurden sogar weiße Tiere mit schwarzen Hauben gezüchtet. Am auffälligsten ist

93

Holländische Weißhauben

Paduaner sind eine sehr alte Rasse und werden in den Hauptfarben seit dem 19. Jahrhundert in Deutschland gezüchtet. Sie sind mittelgroß, leicht gebaut und haben Landhuhnform mit großer Vollhaube und dichtem Bart, ihre Haltung ist keck und etwas aufrecht. Vom Charakter her sind sie recht ruhig und zutraulich, allerdings durch die große Haube und den vollen Backenbart oft sehbehindert und deshalb schreckhaft. Paduaner haben weder Kamm noch Kehllappen. Das Farbspiel des Gefieders soll den Sebright gleichen. Das wurde jedoch besonders in Haube und Schwanzpartie noch nicht erreicht, obwohl einzelne, sehr schöne Exemplare bereits in allen Farben gezeigt wurden. Sie sind besonders beliebt in den Farbenschlägen Chamois, Silber, Gold. Aber auch die einfarbigen schwarzen, weißen, blauen und gesperberten Farben haben sich in letzter Zeit sehr verbreitet. Der Bruttrieb ist nur gering oder nicht vorhanden. Die Eier wiegen etwa 50 g und haben eine weiße Schale.

wahrscheinlich das schwarze Huhn mit der weißen Haube. Es hat besonders in der Zwergform eine große Verbreitung erlangt. Holländer-Weißhauben legen etwa 50 g schwere Eier, deren Schalen weiß bis leicht gelblich gefärbt sind. Bruttrieb ist nicht vorhanden.

Die *Houdan,* eine unserer größten Haubenhuhnrassen, kommen aus Frankreich und wurden dort durch die Einkreuzung von Dorkings zu einem großen fünfzehigen Huhn entwickelt. Sie sind mit feinem, weißem Fleisch für die Mast geeignet, haben aber nie einen sehr großen Liebhaberkreis finden können. Die Haube, der Bart, dazu der Schmetterlingskamm und die fünf Zehen sind in der Zucht nicht leicht zu erreichen. Diese Rasse ist auf Ausstellungen immer etwas Besonderes. Sie wird vorwiegend im schwarzweiß gescheckten Farbenschlag gezüchtet, aber auch blaue und weiße Farben sind möglich. Obwohl die Houdan eine kräftige und massige walzenförmige Landhuhnform haben, legen sie nur etwa 53 g schwere Eier von weißer Farbe. Bruttrieb ist noch gering vorhanden. Wenn Hennen brüten, so sollten ihnen unbedingt die Hauben seitlich über den Augen verschnitten werden, damit die Tiere freie Sicht erhalten.

Houdan

94

Seidenhühner gehören zwar zu den Haubenhühnern, sind aber zugleich Urzwerge und werden dort behandelt (s. S. 122).

Sultan-Hühner werden noch zu den Großrassen gezählt, stehen aber schon am Übergang zu den Zwerghuhnrassen. Sultan-Hühner sind eine seltene Rasse. Ihre Standardmasse soll 1,5 bis 2 kg beim Hahn und 1 bis 1,5 kg bei der Henne betragen. Ich selbst gebe den etwas größeren, vitalen Tieren den Vorzug. Was bei anderen Rassen als Fehler gilt, zählt beim Sultan-Huhn zum Rassemerkmal. Eine Vollhaube, Bart und Hörnerkamm zieren den Kopf. Der schwungvolle, nicht zu große Körper steht auf blauen Läufen mit fünf Zehen, Fußwerk sowie gut sichtbaren Stulpen. Das Sultan-Huhn legt gelbweiße Eier mit einem Gewicht von 45 g. Man rechnet nur mit 60 bis 100 Stück im Jahr. Bruttrieb ist gering vorhanden. Die Sultan-Hühner sind eine Rasse für den Liebhaber.

Viele der hier genannten Rassen gibt es in der Zwergform. Die Zwerg-Holländer-Weißhauben

Sultan-Hühner

haben die Spitzenposition, da sie durch ihre weiße Haube und den kleinen schwarzen Rumpf auch in Ziergärten gern gehalten werden.

Die *Kampfhuhnrassen* zeichnen sich durch hochgereckte Gestalt, vorwiegend eiförmigen Rumpf, eine oft breite und starke Brust, dazu knappe Befiederung sowie starke hohe oder ganz tiefe muskulöse Beine aus. Die meisten Rassen haben einen Wulst- oder Erbsenkamm. Einfache Kämme werden nach Eintritt der Pubertät kupiert, ebenso die Kehllappen. Das Kupieren ist eine Vorbeugemaßnahme, damit bei Beißereien und bei Kämpfen nicht laufend Fleisch verbissen wird und ständig Blutverlust eintritt. Wer mehrere Junghähne in einem Auslauf halten will, dem empfehle ich, die handelsüblichen Hühnerbrillen aus Hartplast anzulegen. Durch sie können die Hähne beim Kampf nicht nach vorn und sich damit nicht in die Augen sehen, und es gibt fast keine ernsten Raufereien mehr. Mit angelegten Brillen ist es auch möglich, Hähne oder Hennen, die von einer Ausstellung kommen, wieder an die Herde zu gewöhnen. Eine gemeinsam aufgezogene Herde Kämpfer hat sich im Laufe der Aufzuchtzeit im wahrsten Sinne des Wortes zusammengebissen, und es ist immer schwer, neue Tiere zuzugeben.

Paduaner

Brille aus Hartplast für streitsüchtige Hähne

eine führende Kämpferhenne machen Hunde und Katzen einen Bogen, denn sie verteidigt ihre Küken bis aufs letzte.
Wirtschaftshühner sind die Kämpfer nicht. Die Legeleistung liegt in den meisten Fällen nur bei 30 bis 100 Stück Eiern im Jahr. Dagegen ist der Fleischansatz sehr zufriedenstellend. Die Kreuzung der Kämpferrassen mit anderen Rassen erbrachte einige vortreffliche Wirtschaftsrassen.

Die *Asil* können auf eine mehr als 3000 Jahre alte Geschichte zurückblicken. Sie wurden speziell für den Kampfplatz gezüchtet und haben wenig wirtschaftlichen Wert. Ihr Herkunftsland ist Indien. Asil heißt in der Hindusprache soviel wie edel oder hochgeboren. Für uns sollte der im Standard gezeigte Asil als Zuchtziel gelten, zumal dieser mit der bildlichen Vorlage von Zander (1926) und Ludlow (1911) in den farbigen Bildbeilagen damaliger Fachzeitschriften übereinstimmt. Bei einem Asil ist in erster Linie auf Breite in Schultern und Stand, harte Muskeln und starke Knochen zu achten. Der Schädel soll breit und kurz sein und einen kurzen Schnabel tragen. Die Knappheit des Gefieders wird durch den im Genick deutlich sichtbaren Nackenaufbausch und die nackten Stellen an der Brust unterstrichen. Ein Asil muß in den Gelenken federn, wenn man ihn aus der Hand fallen läßt und er auf dem Boden aufkommt. Das Fersengelenk ist im Gegensatz zum Malaien etwas gewinkelt. Die Asil sind recht ruhige Tiere, die allerdings zu jeder Zeit bereit sind, einen Rivalen zu bekämpfen. Junghähne müssen deshalb schon früh getrennt werden. Die Rasse wird in mehreren Farbenschlägen gezüchtet, besonders in fasanenbraun und wildfarbig,

Viele Züchter behaupten, daß die knappe Federstruktur und die Muskelhärte eines Kämpfers nur durch die Fütterung von Knochen, Fleisch und Körnern zu erreichen sei. Das durch die Futtermittelbetriebe produzierte Mischfutter sowie die abendliche Körnerfütterung reichen aber dafür vollkommen aus. Natürlich brauchen schnell wachsende, große, starkknochige Kämpferküken etwas mehr Futter als viele andere Rassen. Vielfach verwendet man hier in der Aufzucht »Starterfutter«, das besonders für starkknochige Tiere, auch für Puten, hergestellt wird.
Bei der Aufzucht hochgestellter Kämpferrassen sollten bereits nach drei Wochen die Freß- und Saufgefäße nicht mehr ebenerdig stehen. Sie müssen der Standhöhe entsprechend hoch angebracht sein. Damit werden der aufrechte Gang und die aufrechte Haltung schon von klein auf anerzogen bzw. unterstützt.
Fast alle Kämpferhennen sind sehr gute Brüter, denn sie haben noch viel Blut der Wildhühner, aber nicht alle sind gute Mütter. Das gilt besonders für die sehr hochgestellten Rassen. Um

Asil

Phönix, silber

Italiener (Einfachkamm)

Minorka (Einfachkamm)

Spanier (Einfachkamm)

Kaulhühner (Einfachkamm)

Sulmtaler (Einfachkamm)

Dorking (Einfachkamm)

Zwerg-Wyandotte, gestreift (Hahn) und Wyandotte, silber mit Rosenkamm

Malaien

Orloff mit Wulstkamm

La-Flèche mit Hörnerkamm und Schopf

Appenzeller Spitzhauben

Augsburger mit Becherkamm

Brahma mit Erbsenkamm

Nackthalshuhn, rot

102

Holländer-Weißhauben ohne Kamm mit Kehllappen

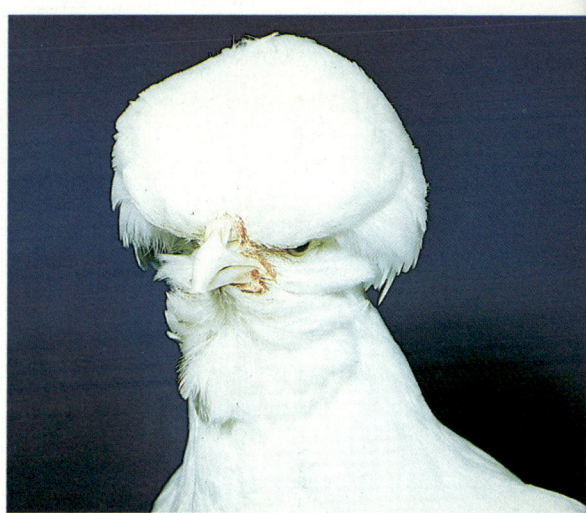

Paduaner ohne Kamm und ohne Kehllappen

Haubenhuhn-Küken

Zwerg-Brahma, dunkel, und Orpington, blau

New Hampshire, braun, und Australorp, schwarz

Dresdner, rotgold, und Amrock, gestreift

Zwerg-Wyandotte, schwarz, und Minorka, schwarz

Zwerg-Wyandotte, blaugold

schwarz und hell

106

Zwerg-New Hampshire, goldbraun, und Lachshuhn, lachsfarbig

Kraienkopp, silberhalsig

Zwerg-Holländer-Weißhaube

Zwerg-Rheinländer, schwarz, und Zwerg-Hamburger, silberlack

Zwerg-Cochin, birkenfarbig, und Seidenhuhn, weiß

Antwerpener Bartzwerg, wachtelfarbig, und Chabo, schwarzsilber

Sebright, silber, und Zwerg-Hamburger, goldlack

Kontrolle am Brutschrank

Brutschrank mit Wendekorb

Durchleuchten der Eier mit der Schierlampe

Entnahme der frisch geschlüpften Küken

Versand

Kükenstall mit Wärmeglucke

110

Nackthalshuhn mit Küken

Nackthalshuhn mit Küken

Küken am Futtertrog

Zwerg-Wyandotten, gestreift

aber auch weiße, rotbunte, schwarzbunte und silberbunte Tiere werden gehalten. Die Farbe spielt bei der Bewertung eine untergeordnete Rolle. Der Bruttrieb ist trotz der schweren Brustmuskeln stark entwickelt. Es ist zu empfehlen, die Tiere erst einige Tage nicht zu füttern, damit sie etwas an Gewicht verlieren und die Gefahr vermindert wird, daß sie Eier zerdrücken. Die Eier sind recht klein. 40 g sind als Mindestmasse angegeben. Die Farbe der Schalen ist cremefarbig bis bräunlich.

Altenglische Kämpfer sind eine sehr alte englische Züchtung für den Kampfplatz. Seit 1850 werden sie aber auch für die Ausstellungen gezüchtet, ohne für Kämpfe eingesetzt zu werden. Bis zur Jahrhundertwende waren sie das Nationalhuhn Englands. Obwohl ihr Aussehen landhuhnähnlich ist, sind sie doch mehr oder weniger ein Sporthuhn geblieben. Sie sind mittelgroß, sehr muskulös, beweglich und haben hartes Gefieder. Der Schwanz ist gegenüber anderen Kämpferrassen relativ lang. Die Tiere werden nur einfachkämmig gezüchtet, und die

Hähne werden noch heute kupiert. Der wirtschaftliche Wert des Altenglischen Kämpfers ist weit größer, als von den meisten Züchtern angenommen wird. Im Jahr werden etwas mehr als 100 Eier gelegt. An Farbschlägen werden alle Hühnerfarben gezüchtet. Bruttrieb ist vorhanden. Die Eimasse beträgt etwa 50 g, die Schale ist weiß.

Belgische Kämpfer sind eine alte Kampfhuhnrasse, die allerdings nur eine geringe Verbreitung hatte und einen kleinen, aber treuen Züchterkreis besaß. Zur Zucht dieses Kämpfers gehört viel Idealismus. Die Legeleistung ist gering, die Wirtschaftlichkeit beschränkt sich auf den guten Fleischertrag. Der Belgische Kämpfer ist ein großes, sehr massiges, malaienähnliches Huhn mit breiten Schultern, einem geraden Rücken, starken Knochen, aufgereckter Haltung mit »finsterem« Gesichtsausdruck. Der Schnabel soll lang und stark und an der Spitze nach unten gebogen sein. Das dunkle Gesicht mit den stark überbauten Augenbrauen und die je nach Gefiederfarbe roten oder dun-

Altenglische Kämpfer

Belgische Kämpfer

kelbraunen Augen verstärken den »wilden« Gesichtsausdruck. Die Kammform ist bei dieser Rasse bedeutungslos. Bei den Hennen sind Kamm und Kehllappen nur wenig entwickelt. Beim Hahn kupiert man den Kamm, wenn er recht grob ist, sowie die Kehllappen und eventuell auch die Ohrlappen. Die verschiedensten Kammformen wie Einfach-, Erbsen- und Wulstkamm sind möglich. Das Gewicht der Tiere ist beachtlich. Hähne wiegen 3,5 bis 4 kg und die Hennen 3 bis 3,5 kg. Wenn auch insgesamt die Befiederung spärlich ist, so haben die Hähne doch noch beachtliche Schwanzanlagen. Belgische Kämpfer werden vorwiegend in Blau-Rot, Schwarz-Rot sowie einfarbig gezüchtet. Die Legeleistung liegt bei etwa 60 bis 80 Eiern im Jahr. Sie wiegen 50 g und haben eine bräunliche Farbe. Bruttrieb ist vorhanden, aber die sehr starkknochigen und langbeinigen Tiere eignen sich nicht so recht für die Brut, obwohl sie gute Ergebnisse bringen können.

Indische Kämpfer haben ihre Heimat in Ostindien und sollen aus Asil und Malaien entstanden sein. Ihre markante Form wurde ihnen aber erst in England angezüchtet. Im Jahre 1892 wurden sie nach Deutschland eingeführt. Der Indische Kämpfer ist ein massiges, sehr breites, muskelbepacktes Huhn, kaum mittelhoch und sehr breit gestellt mit muskulösen Schenkeln und sehr starken Läufen. Die Feder ist hart, aber dennoch recht lackreich. Der Körper wird fast waagerecht getragen, und die Tiere laufen daher oft wie ein Dackel. Der Kopf ist kurz, breit und stark gewölbt mit Augenbrauenbögen und starkem, kräftigem, gebogenem Schnabel. Die Augen sind hell, perlfarbig. Dadurch wird der kämpferische Gesichtsausdruck noch verstärkt. Durch die ständige Züchtung auf überstarke Muskulatur ist der Indische Kämpfer heute nicht so streitsüchtig wie andere Kämpfer. Am verbreitetsten ist der fasanenbraune Farbenschlag. Vereinzelt werden auch rotweiße und weiße Tiere gezüchtet. Die Hähne wiegen 3,5 bis 4,5 kg, die Hennen 2 bis 3 kg. Das sind recht beachtliche Massen. Für die Brut eignen sie sich deshalb nicht gut, Veranlagung dazu ist jedoch noch vorhanden. Sie legen etwa 50 g schwere bräunliche Eier, oft nur 40 im Jahr, vereinzelt auch einmal 80 Stück.

Madras-Kämpfer wurden vor vielen Jahrhunderten in Indien, wahrscheinlich in der Gegend von Madras, aus Asil-Beständen zu Kampfzwecken gezüchtet. Der Madras-Kämpfer ist wesentlich höher und im Körper auch größer als der Asil. Leider fehlt ihm immer noch eine breite Zuchtbasis. Das mag zum größeren Teil in seiner unbändigen Streitlust begründet liegen. Die harten Streitgefechte beginnen schon beim Küken im Alter von 5 bis 6 Wochen. Madras-Kämpfer werden in den verschiedensten Farben gezüchtet und spalten in den Zuchten immer wieder in verschiedene Farbenschläge

Indische Kämpfer

Madras-Kämpfer

auf, so daß man von einer farblichen Reinzucht nicht sprechen kann. Der Kopf wirkt raubvogelartig, mit breiter Stirn, mittellangem, gebogenem Schnabel und sehr stark ausgeprägten Augenbögen. Die Körpermasse des Hahnes beträgt nur 3 bis 3,5 kg, die der Henne 2,5 bis 3 kg. Die Hennen sind zuverlässige Brüter. Sie legen oft nur 30 bis 60 Eier im Jahr mit einem Gewicht von jeweils 50 g. Die Farbe der Schalen ist gelblich bis hellbraun.

Bei den *Malaien* handelt es sich zweifellos um eine der ältesten Hühnerrassen überhaupt. »Schon die Tatsache, daß dieses Huhn seine von der wilden Stammart erheblich abweichenden charakteristischen Merkmale in so hervorragendem Grade fest vererbt, wie es kaum bei einer anderen Hühnerrasse der Fall ist, spricht für das hohe Alter bzw. die lange Vergangenheit der Rasse« (Düringen 1923). Sie werden wahrscheinlich schon seit eh und je in Indien gezüchtet, und es ist anzunehmen, daß sie die Stammform der anderen Kampfhuhnrassen sind. Die Malaien, oft als »urige Recken« bezeichnet, lassen sich nicht aus verschiedenen Rassen rekonstruieren. Dem typischen Verhalten der Kampfhühner schadet jede Einkreuzung einer anderen Rasse. Die weizenfarbigen Malaien bilden den Prototyp dieser Rasse. Es sind rauhe, robuste Tiere mit tiefliegenden Augen und überbauten Augenbrauen,

überhohen Ständern und der typischen Dreibogenlinie (Hals, Rücken, Schwanz). Sie wurden zur Blutauffrischung und zur Herauszüchtung verschiedener Rassen immer wieder in der Zucht mit Erfolg verwendet. Spezialzuchtgemeinschaften haben mit der Erhaltung dieser schönen Rasse eine wichtige Aufgabe zu erfüllen. Die Malaien legen nur etwa 60 bis 80 bräunliche Eier von jeweils etwa 50 g. Bruttrieb ist vorhanden, aber diese überhohen Tiere sind als Mütter im allgemeinen ungeeignet.

Die *Modernen Englischen Kämpfer* sind eine rein englische Züchtung. Sie entstanden etwa seit Mitte des vorigen Jahrhunderts durch Kreuzung vom Malaien mit einheimischen Landhühnern. Die englischen Züchter haben mit diesem Huhn ein »Schauhuhn« geschaffen, das mit seinen knappen und schmalen Federn, dem kurzen, aber breitschultrigen Körper, dem geraden Rücken und der im Gegensatz dazu ab-

Malaien

Moderne Englische Kämpfer

gerundeten Bauchpartie, den überhohen Ständern sowie dem sehr langen Hals und dem langen keilförmigen Kopf etwas Besonderes für das Auge darstellt. Sie haben einen starken Bruttrieb. Das wirkt sich negativ auf die Legeleistung aus, die etwa bei 80 bis 100 Eiern im Jahr liegt. Die Schalenfarbe der Eier ist weiß bis hellgelb. Die Bruteiermindestmasse sollte 50 g betragen. Der Einfachkamm des Hahnes sowie die Fleischteile des Kopfes (Kamm, Ohren, Kehllappen) sind zu kupieren. Dadurch gewinnt der keilförmige Kopf noch an Adel. Diese Rasse wird in einer Vielzahl von Farbenschlägen gezüchtet, so daß jeder Geschmack befriedigt werden kann.

Außer den hier angeführten Kämpferrassen werden in Europa noch die *Shamo-Kämpfer* und *Vietnamesischen Kämpfer* gezüchtet. Sie haben aber keine größere Verbreitung erreichen können, sie sind den vorgenannten Rassen ähnlich.
Von fast allen diesen Kämpferrassen gibt es Zwergformen. Die *Modernen Englischen Zwerg-Kämpfer* sind die verbreitetsten. Der Hahn wiegt 600 g, die Henne 500 g. Durch ihre überhohen Läufe und den schreitenden Gang machen sie einen überaus vornehmen Eindruck.

Die größten unter den Hühnerrassen sind die *Cochin* und *Brahma*. Gemeinsame Kennzeichen sind hohe Gestalt, großer massiger Körper mit breiter, voller Brust, breitem Rücken und sehr vollem Sattel, dazu gelbe, federfüßige Beine, ein kurzer Schwanz, aber ein reiches, volles, geradezu üppiges Gefieder. Bereits 1846 waren beide Riesenhühner von Schanghai aus nach Frankreich gelangt, und Ende 1850 tauchten sie erstmals im Berliner Zoologischen Garten auf. Heute sind die Cochin, aber auch Brahma überall recht selten. Der helle Farbschlag der Brahma hat die meisten Anhänger. Im allgemeinen haben sie heute von ihrer einstmals riesigen Figur viel eingebüßt. Derartige große Tiere müssen sehr früh erbrütet werden, und im Zuchtstamm sollten nur die vitalsten Alttiere Verwendung finden. Als besondere Merkmale zeigen die Cochin einen Einfachkamm, die Brahma einen dreireihigen Erbsenkamm. Die Brahma sind wesentlich höher als die Cochin und wirken dadurch auch nicht so abgerundet. Ein volles gepflegtes Fußwerk

macht beide Rassen für den Liebhaber anziehend. Sie brüten gern, aber legen nicht viel, je nach Brutlust 60 bis 120 Eier, etwa 55 g schwer, von gelblicher bis brauner Farbe.

Ein ganz besonderer Glanzpunkt der Rassenpalette sind die *Langschwanzrassen*.

Die vornehmsten dieser Art sind wohl die *Phönix*. Vorfahren dieser Rassen waren das rebhuhnfarbige Jidori-Huhn aus Japan, das silberhalsige, langschwänzige Shokoku-Huhn aus China und das Totenko-Huhn mit braunschwarzer Färbung (Goldfaktor) und Langschwanz. Aus den silberhalsigen Shokoku gingen vermutlich durch Mutation die »Onaga dori« hervor, die über Jahre weiterwachsende Sichelfedern haben. Sie sind die eigentlichen Vorfahren unserer heutigen Phönix. Der Schwerpunkt in der Phönixzucht sind die vollen und langen, mehrere Jahre bei der Mauser nicht ausfallenden Schwanzsicheln des Hahnes. Das ist einmalig in der Geflügelwelt, und die Ursachen dafür sind bisher wenig erforscht. Ein Schwanzwachstum im ersten Jahr von 70 bis 90 cm ist als normal zu bezeichnen. Bei besonders guter Haltung kommen noch jährlich 30 bis 50 cm dazu. Abgesehen von dem abnormen Schwanzwachstum gleichen sie den an-

Phönix-Henne

deren Hühnern in Form und Farbe. Sie legen nicht zu große helle, fast weiße Eier von je etwa 48 g. Brutlust ist entwickelt.

Die *Sumatra* sind ebenfalls Langschwanzhühner mit einer Schwanzlänge von etwa 50 cm. Ihre Kopfform erinnert aber mehr an einen Kämpfer, besonders der kleine, dreireihige Erb-

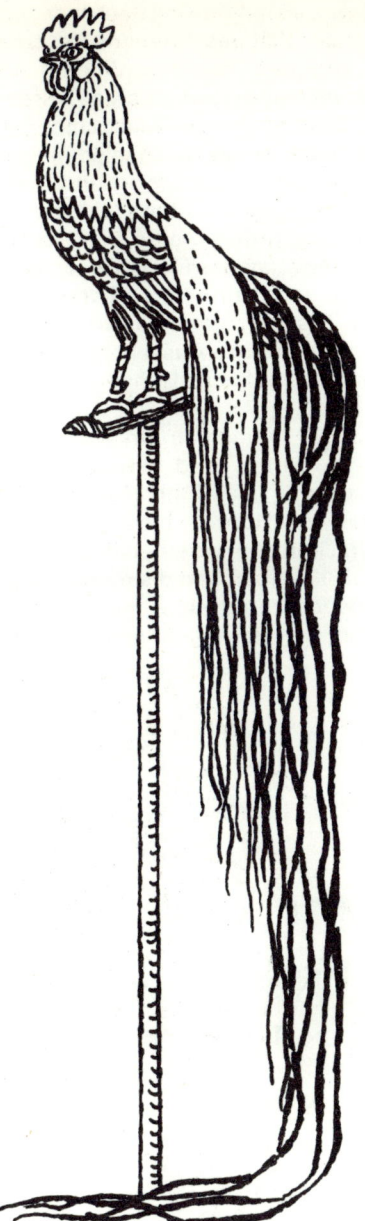

Phönix-Hahn

ten nicht oft, aber wenn sie brüten, sind sie ihren Nachkommen sehr gute Mütter.

Eine japanische Züchtung aus Shamo und Phönix sind die *Yokohama.* Sie sind für den Liebhaber von Langschwanzrassen, besonders im rotgesattelten Farbenschlag, eine Augenweide. Schon 1869 wurden sie in Deutschland eingeführt und sind damit für unseren Raum eine sehr alte Rasse. Das mittelgroße elegante, fasanenartige Huhn mit leichtem Kämpfereinschlag und langem, federreichem Schwanz, leicht abfallender Haltung auf mittelhoher Stellung hat ein angenehmes Temperament. Die Hennen legen bis zu 100 Eier von gelblicher Farbe mit einem Gewicht von etwa 40 bis 45 g. Die Brutlust ist nur gering entwickelt.

Yokohama

senkamm. Sie haben einen grünen Federlack, dunkle Läufe, aber gelbe Fußsohlen. Ein besonderes Rassemerkmal ist der Doppelsporn, der auch bei der Henne häufig zu finden ist. Ihre Heimat sind die Sundainseln. Sie wurden vor etwa 100 Jahren in Deutschland eingeführt. Sie legen ungefähr 100 Eier mit weißgelblicher Schale. Das Ei wiegt rund 50 g. Die Hennen brü-

Nackthalshühner gehören unstreitig zu den eigenartigsten und interessantesten unter den Hühnerrassen. Sie wurden 1875 erstmals auf einer Geflügelausstellung in Wien von Frau Szeremley ausgestellt. Zu dieser Zeit standen die Preisrichter vor einem Rätsel. Einige der Herren glaubten an Mißbildungen, andere hielten die Nackthälse für künstlich, von Men-

Nackthalshuhn

groß war, so möchte ich doch hier einige schon vor langer Zeit geschriebene Zeilen wiedergeben: »Bei den Nackthalshühnern wählen Sie bestimmt keine minderwertige Rasse. Befruchtung, Schlupf und Aufzucht sind voll befriedigend. Dabei ist das Nackthalshuhn ein überaus fleißiger Nahrungssucher und will deshalb möglichst ausgedehnten Weidegang haben. Es legt fleißig große weiße Eier, hat ein gutes, wohlschmeckendes Fleisch. Kurz, alles in allem das gegebene Huhn für die Landwirte« (Versen 1932). Das trifft uneingeschränkt auch heute noch zu, denn des Aussehens wegen hält sich niemand so häßliche Hühner!

Die *La-Flèche* sind vom Ursprung her eine französische Rasse und wurden um 1900 in Deutschland eingeführt. Der geteilte Kamm, der aus zwei Hörnern besteht, die aufgeworfenen Nasenlöcher, die gefälligen, glatten, weißen Ohrscheiben und die roten Augen machen sie besonders attraktiv. Hühner dieser Rasse werden auf Rassegeflügelausstellungen oft-

schenhand gerupfte Kuriositäten. Die Federlosigkeit dieser Rasse ist nicht auf den Hals beschränkt, sondern tritt auch am Kropf und an verschiedenen Stellen des ganzen Körpers auf. Das Körpergefieder ist nur streifenweise vorhanden, jedoch derart, daß alle kahlen Stellen völlig damit bedeckt sind und das Huhn bis auf den nackten Hals und den nackten Kropf normal befiedert erscheint. Tiere mit ganz nacktem Hals sind zu züchten zwar möglich, aber sie sind, wenn sie reinerbig werden, meist nicht mehr lebensfähig. Nach meiner Erfahrung muß es sich wohl um einen Letalfaktor handeln. Deshalb der Hinweis: Jeder, der Freude an der Zucht von Nackthalshühnern haben will, sollte immer einige Tiere mit einem Federbüschel am Vorderhals in seinem Zuchtstamm behalten. Damit ist die Gewähr gegeben, daß man mit guten Schlupfergebnissen rechnen kann. In Deutschland faßten die Nackthalshühner erst Anfang des 20. Jahrhunderts Fuß. 1905 wurde eine Sonderzuchtgemeinschaft in Dresden gegründet. Nackthalshühner werden in den verschiedensten Farben gezüchtet, vorwiegend aber in Schwarz, gesperbert und im weißen Farbschlag. Bruttrieb ist bei ihnen ausgeprägt vorhanden, entsprechend schwanken ihre Legeleistungen. Spitzenhennen bringen es auf 180 Eier im Jahr. Wenn auch die Zuchtbreite wegen ihres Aussehens niemals sehr

La-Flèche

mals als Teufel bezeichnet. Sie legen recht gut, weißschalige, 58 g schwere Eier und brüten nur selten.

Eine der ältesten spanischen Hühnerrassen ist das *Weißwangige Spanierhuhn*. Es ist die älteste Mittelmeerrasse überhaupt. Das Spanierhuhn kam schon 1844 nach Deutschland und ist damit auch eine der ersten eingeführten Hühnerrassen. Bemerkenswert ist, daß es sofort nach seiner Einführung in Deutschland in bäuerlichen Haltungen weit Verbreitung fand und sich großer Beliebtheit erfreute. 1905 wurde sogar eine »Spezialzuchtgemeinschaft« gegründet. Das große, etwas hohe, schwarze Huhn hat einen attraktiven Kopf. Das weiße Gesicht ist das Markanteste am Spanierhuhn. Der Hahn hat einen breiten und festen Stehkamm mit nicht zu tiefen Zacken. Der Kamm der Henne steht vorn aufrecht, soll nur am Ende umgelegt sein und möglichst nicht das Auge bedecken. Die Kehllappen sind recht lang und breit. Ihre Innenseiten sehen aus, als ob sie weiß gepudert wären. Die oft nur außen roten Kehllappen wirken in der weißen Kehle wie eingebettet. Das weiße Gesicht, das dieser Rasse das eigenartige Aussehen verleiht, ist ein wichtiges, aber in guter Qualität schwer zu züchtendes und zu erhaltendes Merkmal. Der weiße Teil des Gesichtes beginnt am Schnabelansatz über dem Auge und reicht bis in die tiefe Kehle hinein. Das Auge sollte in die weiße Haut so eingebettet sein, daß nur am Kammgrund entlang ein schmaler Streifen Federn steht, der vom Schnabel bis zum Nacken und in die Halspartie hinein verläuft. Spanierhühner brüten nicht und legen etwa 58 g schwere weiße Eier.

Der züchterische Grundstein für das *Augsburger Huhn* wurde um das Jahr 1870 gelegt. Zierde und Blickfang ist der Becherkamm, sonst gleicht es unseren anderen Landhühnern. Das züchterische Problem beim Augsburgerhuhn liegt nach meiner Meinung nur in der Spalterbigkeit des Kammes. Es fallen auf 25% Hörnerkämme etwa 25% Einfachkämme und nur 50% des gewünschten Becher- oder Kronenkammes. Aus diesem Grund zählt es schon immer zu den Seltenheiten in der Hühnerzucht. Es legt recht fleißig große, weißschalige Eier, die bis zu 60 g schwer sind, und brütet nicht oder nur ganz selten.

Die *Krüper* nehmen mit ihren extrem kurzen Beinen unter den großen Hühnerrassen eine Sonderstellung ein. Sie werden auch als Krup-, Kriech-, oder Dachshuhn bezeichnet. Ihre Herkunft wird mit Nordwestdeutschland (Westfalen) angegeben. In älterer Literatur wird geschrieben, daß diese Rasse schon im 17. Jahr-

hundert gezüchtet wurde. Die erste Forderung bei der Zucht dieser Rasse ist die Kurzbeinigkeit, das markanteste Rassemerkmal. Die Beine sollen bei der Henne etwa 6 bis 7 cm und beim Hahn 7 bis 8 cm lang sein. Die Lauflänge wird aber durch das volle Gefieder und den sehr vollen Legebauch kaum sichtbar. Bei der Zucht ist zu beachten, daß Krüper spalterbig sind und die kurzen Beine nicht rein vererben. Aus 50% der Eier schlüpfen kurzbeinige, aus 25% Küken mit normaler Laufhöhe, 25% reinerbige kurzbeinige Tiere sterben im Ei ab. Hier hat die Natur den Züchtern Grenzen gesetzt. Krüper legen recht gut, etwa 50 g schwere, weißschalige Eier. Bruttrieb ist vorhanden. das Krüperhuhn ist ein Großhuhn, eignet sich aber für beschränkte Platzverhältnisse, da die Tiere wegen ihrer kurzen Beine nur langsam laufen. Dennoch sind sie ständig auf Futtersuche und in Bewegung.

Kaulhühner, oft kurz »Kauler« genannt, sind schwanzlos. Das ist durch den fehlenden Schwanzwirbel bedingt. Die Schwanzlosigkeit gab den Hühnern auch ihren Namen. Die genaue Herkunft ist nicht bekannt. Hühner ohne Schwanz waren zu allen Zeiten bekannt, nur wurden sie in der Regel nicht zur Weiterzucht verwendet. Auch diese Rasse kann nicht reinerbig gezüchtet werden, da dann ebenfalls ein

Kaulhühner

Letalfaktor wirkt und keine Tiere mehr schlüpfen. Sie legen weißschalige Eier von etwa 53 g Gewicht. Bruttrieb ist vorhanden, und wenn sie brüten, sind sie zuverlässig.

Eine aufgereckte, etwas kämpferartige Rasse sind die *Orloff.* Sie stammen aus dem ehemaligen Zentralrußland und waren in ihrer Heimat seit langem bekannt. Erstmalig tauchten die Orloff nachweisbar außerhalb ihrer Heimat 1884 in Leipzig und Wien auf. Im Herbst 1910 importierte Ranft (Oberhelmsdorf, Bez. Dresden) einen Zuchtstamm brauner Orloff aus Moskau. Auf dieses Ausgangsmaterial dürften alle später in Deutschland gezeigten Orloff zurückgehen. Charakteristisch für diese Rasse sind der Wulstkamm und der stark entwickelte Backen- bzw. Kinnbart. Trotz ihres kämpferischen, wilden Aussehens sind die Orloff sehr zutraulich. Die rotbunten Farbschläge sind besonders bekannt, aber auch weiße, mahagonifarbene, schwarze und gesperberte werden gezüchtet. Sie sind noch recht gute Legehühner. Man kann sie zu den Zwiehühnern rechnen. Sie legen etwa 160 Eier zu je 55 g mit heller bis leicht bräunlicher Schalenfarbe. Bruttrieb kommt vereinzelt vor.

Eine deutsche Rasse sind die *Bergischen Kräher.* Sie wurden von Liebhabern gezüchtet, die einen langen Krähruf der Hähne liebten. Bei dieser Rasse ist der Luftsack, der zum Krähen befähigt, besonders vergrößert, so daß es Spitzenhähne gegenüber normalen Hähnen bis zu einem dreimal so langen Krähruf brachten. Heute noch hält die Spezialzuchtgemeinschaft jährlich Wettkrähen ab. Fürs Auge stellen sie nichts Besonderes dar. Durch ihre etwas hohe, aufgereckte Figur und den runden Karpfenrücken als Rassemerkmale sind sie von den anderen Rassen merklich getrennt. Die Hähne sind in der Zeichnung ansprechender als die dunkle, fast schwarze Henne. Sie ist zwar gezeichnet, besonders in der Schultergegend, aber da der Saum am Ende der Feder doppelt so breit ist, erscheint sie recht dunkel. Diese besondere Art der Zeichnung ist nur dieser Rasse eigen. Die Hennen legen bis zu 140 Eier mit weißer Schale und brüten nur selten. Durch die etwas langen Läufe sind sie für die Brut ungeeignet.

Zwergformen –
Hühner, die wenig Raum brauchen

Obwohl Zwerghühner, die Urzwerge, in Europa seit vielen Jahrhunderten bekannt waren, ist mit der gezielten Züchtung bestimmter Zwergformen erst im 20. Jahrhundert begonnen worden. Ungefähr ab 1910 beschäftigten sich besonders deutsche Züchter intensiver mit der »Verzwergung« großer Hühnerrassen. Durch äußere Faktoren wie Spätbruten und dürftige Ernährung kann das Größenwachstum beeinflußt werden, aber dann entstehen nur verkümmerte Tiere, keine echten Zwerge. Die Ursache gehemmten Wachstums liegt in der Funktion der Schilddrüse. Diesem wachstumsfördernden Einfluß des Schilddrüsenhormons arbeitet eine geschlechtsgebundene Erbanlage entgegen, nämlich das Gen dw für den Zwergwuchs (Engelmann 1975). Überall dort, wo dieses Gen aktiviert ist und wirksam werden kann, schränkt es die Schilddrüsentätigkeit ein. Die Drüse wird bereits während der Ausbildung gestört und bleibt kleiner, ihre Hormonproduktion somit geringer, so daß sich am Ende Hühner von geringerer Körpermasse entwickeln. Dieses Hormon beeinflußt nicht nur das Größenwachstum allgemein, sondern auch die Ausformung einzelner Körperteile. Der Kopf ist etwas kleiner, der Hals kürzer, die Flügel sind im Verhältnis zu den Beinen länger, der Rumpf ist gestaucht, das Herz ist im Verhältnis zum Rumpf größer. Die Zwergenmerkmale, bedingt durch die Abweichungen im Hormonhaushalt, müssen genetisch fixiert werden wie jede andere Rasseeigenschaft, erst dann entstehen echte Zwerge.

Verzwergte Großrassen

Der entscheidende Gesichtspunkt für die Verzwergung der Großrassen war, daß man einen wesentlich höheren Wirtschaftswert erwartete, als ihn die schon über viele Jahre bekannten Urzwerge hatten. Wenn bei der Verzwergung auch der Leitgedanke war, die betreffende Großrasse im kleineren Format zu haben, so bedeutet das aber keineswegs, daß jede verzwergte Rasse eine verkleinerte Kopie der betreffenden Großrasse ist. Die größte Schwierigkeit in der Zucht ist es, sowohl bei Zwerghuhn als auch bei Großrasse, Tiere harmonischer Körperproportionen und unbehinderter Vitalität zu schaffen. Daß das erreichbar ist, beweist eine große Zahl von Rassen. Die verzwergten Rassen, die immer häufiger auf unseren Rassegeflügelausstellungen zu sehen sind, haben in den letzten Jahren ihre guten bis sehr guten Legeleistungen unter Beweis gestellt, wenn man davon ausgeht, daß sie nur zwischen 1 bis 1,3 kg wiegen und dadurch wesentlich weniger Futter brauchen als die Großrassen. Dazu einige Ergebnisse von in Hühnerleistungsprüfungen in Coswig, Merbitz bzw. Dummerstorf geprüften Rassen. Der Prüfzeitraum beträgt 11,5 Monate je Gruppe (10 Hennen). Die Zwerg-Dresdner brachten es 1963/64 in 2 Gruppen zu einer durchschnittlichen Legeleistung von 172,8 bzw. 182 Eiern mit einem durchschnittlichen Eigewicht von 41,4 bzw. 41,6 g. Die Zwerg-Welsumer wurden schon mehrfach geprüft. 1964/65 erreichten sie eine durchschnittliche Legeleistung von 147 Eiern mit einem Durchschnittsgewicht von 51,7 g. 1977/78 wurden 2 Gruppen geprüft. Die durchschnittliche Legeleistung betrug 144,9 bzw. 150,8 Eier mit einem durchschnittlichen Gewicht von 46,7 bzw. 47,2 g. Die Prüfung der Zwerg-New Hampshire brachte folgende Ergebnisse (jeweils 2 Gruppen): 1966/67 durchschnittlich 154,4 bzw. 169 Eier, Durchschnittsgewicht 44,6 bzw. 46,3 g; 1981/82 durchschnittlich 149,6 bzw. 164,7 Eier, Durchschnittsgewicht 44,9 bzw. 44,8 g. Die Zwerge der Australorps erreichten 1975/76 nur eine durchschnittliche Legeleistung von 131 Eiern mit einem durchschnittlichen Gewicht von 41 g. Die Spitzenleistung von den mittelschweren derben Zwergen erbrachten die Amrock 1977/78 mit durchschnittlich 196,9 Eiern und einem Durchschnittsgewicht von 46,3 g. Aber auch die leichteren Verzwergungen brachten es zu beachtlichen Legeleistungen. So wurden 1975/76 von den Zwerg-Italienern, rotgesattelt, durchschnittlich 183,3 Eier mit einem Durchschnittsgewicht von 40,3 g gelegt. Die Zwerg-Italiener in Weiß legten durchschnittlich 184 Eier zu 42,2 g. Sogar die Zwerg-Nackthalshühner, die etwas Besonderes in der Rassegeflügelzucht darstellen, brachten es auf eine durchschnittliche Leistung von 131 Eiern zu je 45,7 g. Bei diesen Legeleistungen ist es kein Wunder, wenn diese Hühnergruppe sich wachsender Beliebtheit erfreut, zumal sie nur einen kleinen Auslauf benötigt und im gleichen Stall einige Tiere mehr gehalten werden können. Auch brauchen sie weniger Futter als die Großrasse. Selbst für Ausstellungen haben Zwerge Vorteile: Sie beanspruchen kleinere Transportkisten, der benötigte Transportraum ist geringer, und auch die Aufbewahrung der Kisten erfordert weniger Platz.

In Pflege, Brut und Aufzucht, Fütterung und Unterbringung unterscheiden sich Zwerghühner von den Großrassen nicht. Die Zwerge können aber noch etwas später erbrütet werden als die Großrasssen. April/Mai reichen ohne weiteres noch aus. Über den wirtschaftlichen Wert der verzwergten Rassen sind die Ansichten sehr verschieden. Neben gut legenden Rassen gibt es auch ausgesprochene Zierhühner. Es können auch niemals die Legeleistungen beispielsweise Moderner Englischer Zwerg-Kämpfer oder Zwerg-Inder mit Zwerg-Barneveldern oder Zwerg-Welsumern verglichen werden. Die Rassen sind sich zwar in der Farbe ähnlich, haben aber einen ganz anderen Körperbau, der nicht für hohe Legeleistungen geeignet ist. In den Rassegeflügelzuchten werden die wirtschaftlichen Zwerge immer mehr an Bedeutung gewinnen.

Die Urzwerge, die kleinsten unter den Hühnern

Die wenigen Urzwergrassen sind zum Teil schon sehr alt. Woher sie stammen oder wie sie entstanden sind, ist nicht bekannt. In alter Literatur ist hierzu nichts zu finden. Wahrscheinlich sind die Urzwerge durch Mutation entstanden. Es gibt Urzwergrassen, die 1000 Jahre und noch älter sind und konstant vererben. Die Haltung und Zucht von Urzwergen, den kleinsten unter den Zwerghühnern, ist eine Liebhaberei, ein Hobby wie die Taubenzucht. Einen wirtschaftlichen Nutzen bringen sie nicht, wenn

auch die kleinen Hühnchen im Jahr 50 bis 100 Eier, manche sogar etwas mehr legen können, gegenüber den wirtschaftlichen verzwergten Rassen ist das nicht viel. Das durchschnittliche Eigewicht liegt je nach Rasse bei 30 bis 40 g. Wer Urzwerge hält, macht das aus Freude am Tier, an der Zucht und an der Erhaltung dieser alten Rassen. Ganz gleich, welche Rasse gehalten wird, jede hat ihren besonderen Reiz, ist auf ihre Art originell im Aussehen, aber auch in ihren rassespezifischen Verhaltensweisen. Es werden 10 Rassen gezüchtet.

Antwerpener Bartzwerge sind eine sehr alte Rasse. Der junge Hahn darf nur 600 g, die Henne 500 g wiegen. Sie sind also noch kleiner als beispielsweise die Kingtauben. Die Antwerpener Bartzwerge sollen von bärtigen Land-Zwerghühnern abstammen, die seit Jahrhunderten in Flandern, vorwiegend aber um Antwerpen beheimatet waren. Früher bezeichnete man die Antwerpener Bartzwerge als eine bärtige Abart der Bantam, was jedoch in Anbetracht der abweichenden Körperform, Ohrfarbe und Federbildung nicht so recht einleuchten will. Nach dem zweiten Weltkrieg hat diese Rasse eine große Verbreitung gefunden. Die Zahl der Liebhaber und der Aussteller auf kleineren und größeren Ausstellungen stieg stän-

Antwerpener Bartzwerge

dig an. Schon zur Lipsia 1977 wurden über 200 Tiere in 10 Farbenschlägen gezeigt. 1980 zur 25jährigen Jubiläumsschau in Marburg (Moischt) wurden 1010 Tiere in 13 Farbenschlägen gezeigt. Das waren für diese beliebte Rasse Rekordzahlen.

Die Hühnchen haben eine kleine, gedrungene Gestalt und ein lebhaftes und zutrauliches Wesen. Der trippelnde Gang erinnert an den der Tauben. Trotz ihres etwas kämpferischen Charakters werden sie in kurzer Zeit handzahm, allerdings muß man sich täglich etwas mit ihnen beschäftigen. Der Bart sollte voll und so groß sein, daß die Ohren gänzlich bedeckt sind. Der Rosenkamm ist feingeperlt. Der Halsaufbausch im Nacken wirkt etwas mähnenartig. Die Gestalt ist überall abgerundet. Ohne Winkel geht der Rücken in den hochgetragenen Schwanz über. Die Hauptsicheln sind bei dieser Rasse dolchartig, fast gerade und überragen kaum die Steuerfedern. Letztere werden von den Nebensicheln nur im unteren Drittel bedeckt. Die Läufe sind unbefiedert und nicht sehr lang. Die kleine Henne legt noch 70 bis 100 Eier im Jahr mit einer Masse von jeweils 25 bis 30 g. Die Schalenfarbe ist weiß bis gelblich.

Bantam kennt man in Deutschland seit 1870. Zahlreiche Liebhaber haben sich mit der Zucht der eigenartigen kleinen kecken Rasse beschäftigt und dabei große Erfolge erzielt. Ihre Herkunft ist umstritten. Der Name »Bantam« soll aus Japan stammen. Manche nehmen an, daß der Name von der Hafenstadt Bantam auf Java abgeleitet wurde.

Der etwas breite Bantamkopf trägt einen fein geperlten und gut gefüllten, sich nach hinten verjüngenden Rosenkamm mit gerade auslaufendem rundem Dorn. Ein breit angesetzter kurzer Schnabel, große weiße und dicke runde Ohrscheiben, die emailleartig glänzen, und leuchtend rote oder braune Augen sind weitere Merkmale des Kopfes. Die Augenfarbe entspricht der Farbe der Läufe. Die vorgewölbte Brust wird ziemlich hoch getragen, die Schenkel sind deshalb sichtbar und nur beim Hahn durch die herabhängenden Flügel etwas verdeckt. Der Halsbehang überdeckt besonders beim Hahn teilweise den kurzen Rücken, dieser geht in guter Rundung in den Schwanz über, der hoch, aber nicht steil getragen wird und möglichst breite, am Ende abgerundete Federn hat. Die großen Sicheln sollen einen wie mit dem Zirkel geschlagenen Halbkreis bilden. Auch der Schwanz der Henne erscheint am Ende leicht abgerundet. Das Gewicht des Hahnes ist im Standard mit 600 g und das der Henne mit 500 g angegeben. Die Hennen legen jährlich zwischen 80 bis 100 Eier mit einer Mindestmasse von je 25 g. Die Schalenfarbe ist weiß. Bruttrieb ist nicht oder kaum vorhanden.

Bassetten stammen aus Belgien und werden dort schon sehr lange besonders in der Silber-

Bantam

Bassetten

bzw. Goldwachtelfarbe gezüchtet. Eine solche Gefiederfarbe kommt nur noch bei den Antwerpenern vor, so daß anzunehmen ist, daß diese Rasse eingekreuzt wurde. Bassetten haben eine einfache, schlichte Zwerghuhngestalt, einen einfachen Kamm und schieferblaue Läufe. Sie sind etwas schwerer als die anderen Urzwerge. Der Hahn wiegt bis 1000 g und die Henne bis 900 g. Sie sind recht lebhaft, aber werden doch sehr schnell zutraulich. Die Hennen legen etwa 100 bis 140 weiße Eier von je etwa 40 g. Bruttrieb ist noch vorhanden. Sie brüten zuverlässig und führen ihre Jungen gut.

Chabo zählen heute zu den international verbreitetsten Zwerghuhnrassen. Diese japanische Rasse hat ein hohes Alter. Nach Deutschland kamen die ersten Tiere 1860 direkt aus Japan. Durch ihr groteskes Aussehen in Verbindung mit ihrem äußerst zutraulichen Wesen haben diese ausgesprochenen Zierhühner viele Liebhaber gefunden. Gegensätze sind typische Merkmale dieser Rasse: tiefe Stellung, aber sehr hoher, steil getragener Schwanz; kurzer, gedrungener Körper, dazu ein großer Kopf

Chabo

mit grobem, fleischigem, übergroßem Kamm. Wenn die Chabo auch klein sind, so sollten sie doch eher robust als zierlich wirken. Die Flügel werden so tief getragen, daß die Spitzen der Schwingen den Boden berühren. Das ist durch die sehr kurzen Läufe leicht zu erreichen. Die Kurzbeinigkeit dieser Rasse bereitet einige Schwierigkeiten in der Zucht. Reinerbig kurzbeinige Tiere tragen nämlich den Letalfaktor in sich. Die Nachkommen von Elterntieren, die beide kurzbeinig waren, sind nicht lebensfähig. Erfahrene Züchter paaren deshalb kurzbeinige mit mittelhohen Tieren. Auf Ausstellungen sollten aber nur kurzbeinige gezeigt werden, alle anderen erhalten schlechte Noten. Das Gewicht des Hahnes ist mit 600 g, der Henne mit 500 g im Standard angegeben. Meist legen die Hennen bereits im Januar recht fleißig und brüten dann gern. Sie werden oft in Ziergeflügelzuchten als Bruthennen verwendet, denn sie brüten und führen ihre Küken sehr zuverlässig. Beläßt man ihnen die eigenen Eier im Nest, werden sie in der Regel nach Ablage von 7 bis 10 Eiern brütig. Sie legen jährlich etwa 60 bis 80 weißschalige Eier von jeweils etwa 30 g Gewicht.

Zwerg-Cochin werden inzwischen in vielen Ländern gezüchtet. Sie fielen Mitgliedern der französisch-britischen Expedition bei der Plünderung des kaiserlichen Sommerpalastes in Peking im Jahre 1860 in die Hände und gelangten nach England. In Deutschland wurde das erste Zuchtpaar in Gelb 1886 durch Liebsch (Dresden) für den außerordentlichen Preis von 1200 Goldtalern eingeführt. Die Zwerg-Cochin sind tief und breit im Stand, der Körper ist kurz und breit. Sie haben volle Latschen, die Kruppe ist vollkommen abgerundet, die Federn sind sehr weich, und der Kopf trägt einen kleinen Einfachkamm. Auf Ausstellungen hört man immer wieder: Wie ein Federbällchen! Die Zwerg-Cochin werden in mehreren Farbenschlägen gezüchtet, glattfiedrig oder gelockt, so daß jeder etwas für seinen Geschmack aussuchen kann. Die weiche Feder, ein Hauptmerkmal der Rasse, muß ihnen unbedingt erhalten werden. Die Feder ist in den unteren zwei Dritteln dunenartig. Oft ist die weiche Feder ein Hindernis bei der Begattung, dann müssen die Tiere unter dem Schwanz etwas frei geschnitten werden, damit die Befruchtung wieder möglich ist. Wegen der weichen Federn, der Latschen und des

Zwerg-Cochin

Deutsche Zwerghühner

recht tiefen Standes sollte in ihrem Stall besondere Sauberkeit herrschen. Die Anzahl der pro Henne und Jahr gelegten Eier ist recht verschieden. Viele brütende Hennen kommen kaum über 40 Eier, andere bringen es auf 80 Stück im Jahr. Die Bruteiermindestmasse sollte 30 g betragen. Die Schalenfarbe ist gelblich bis braun. Bisweilen brüten Zwerg-Cochin sehr stark, sogar zu Zeiten, in denen es unerwünscht ist. Im Brutgeschäft sind sie recht zuverlässig, ruhig und ausdauernd. Der Hahn sollte nicht schwerer als 800 g sein, die Henne sollte nicht mehr als 700 g wiegen. Schwerere Tiere haben niemals eine von allen Seiten runde Form.

Deutsche Zwerghühner, auch Deutsche Zwerge genannt, sind Urzwerge deutscher Züchtung. Sie sind die jüngste Rasse der Urzwerge und verdanken ihre Entstehung dem Züchter W. Müller (Magdeburg). Nach seinen Angaben wurden folgende Rassen dafür verwendet: Bantam, Phönix-Zwerge, Altenglische Zwerg-Kämpfer und Landzwerghühner. Ziel war es, ein schlichtes, lebhaftes und wetterfestes Hühnchen zu züchten, das besonders für große Ausläufe geeignet ist. W. Müller benutzte eine große Parkanlage als Auslauf. Im Jahre 1917 stellte er die ersten Tiere vor. Sie wurden auch bald als neue Rasse anerkannt und fanden überall Liebhaber. Die Tiere haben einfache Kämme und zeigen eine schlichte,

langgestreckte, elegante Form. Sie sind in mindestens zehn Farbschlägen anerkannt. Die schlanke Form und die schönen Farben können immer wieder begeistern. Das Höchstgewicht der erwachsenen Hähne darf 800 g, das der Hennen 600 g nicht überschreiten. Die Hennen legen etwa 100, meist weißschalige Eier. Die Eier sind kunstbrutfest und wiegen etwa 30 g. Bruttrieb ist nicht vorhanden oder tritt nur selten auf.

Holländische Zwerge sind seit fast 80 Jahren in Holland als Rasse anerkannt. Inzwischen sind in ihrem Mutterland zahlreiche Farbenschläge bekannt und über ganz Nordwesteuropa verbreitet. Diese Rasse konnte in Deutschland zunächst nicht Fuß fassen, da hier das Deutsche Zwerghuhn mit etwa dem gleichen Gewicht und den gleichen Gewohnheiten sowie Legeleistung gezüchtet wurde. Die Körperform der Holländischen Zwerge ist nicht so gestreckt, sondern kürzer, der Rücken ist hohlrund, sie haben einen wesentlich breiteren Schwanz und hängende Bantamflügel. Der kleine Einfachkamm und die recht kleinen mandelförmigen Ohrscheiben erinnern nicht an die Bantam. Das Gewicht des Hahnes beträgt 500 bis 550 g, das der Henne 400 bis 450 g. Sie sind wohl die kleinsten und kecksten unter den Urzwergen. Die Holländischen Zwerge werden am besten nur in Volieren gehalten, denn sie fliegen wie die Tauben, und Zäune von 3 m Höhe sind

Holländische Zwerge

Zwerghühner« offiziell eingeführt. Der ursprüngliche Farbschlag ist porzellanfarbig, man nannte ihn früher auch »Tausend Blüten«. Manchmal werden die Federfüßigen Zwerge als Garten-Zwerge bezeichnet. Sie geben zwar ein sehr hübsches, reizvolles Bild inmitten eines grünen Gartens oder Parkes ab, aber in kleinen Gärten richten sie Schaden an, da sie fleißig scharren. Das Gewicht des Hahnes beträgt etwa 700 g, das der Henne 600 g. Die Hennen sind ziemlich fleißige Leger, sie bringen es jährlich bis auf 120 weißschalige Eier mit einer Mindestmasse von jeweils 30 g. Die Eier sind kunstbrutfest. Der Bruttrieb ist gering entwickelt. Brütenden Hennen sind die Federn an den Füßen zu verschneiden, damit sie nicht die Eier mit ihren Latschen aus dem Nest werfen können.

Ruhlaer federfüßige Zwerg-Kauler sind in der Gegend um Ruhla (Thüringen) beheimatet und werden schon seit vielen Jahrzehnten gezüchtet. Sie haben nie eine große Verbreitung gefunden. Das federfüßige Zwerg-Kaulhuhn ist ohne Zweifel eine Besonderheit unter den Hühnerrassen. Typisches Merkmal ist die Schwanzlosigkeit. Dieses Zwerg-Kaulhuhn wird einfachkämmig, mit und ohne Bart gezüchtet und soll volle Latschen und Stulpen besitzen. Alle Farbschläge sind anerkannt und können auf Ausstellungen gezeigt werden. Der Liebhaber der Kauler, wie man sie kurz nennt, wird in erster Linie um die Erhaltung der Schwanzlosigkeit bemüht sein. Damit muß allerdings eine schlechtere Befruchtung der Bruteier in Kauf genommen werden. Die üppig vorhandenen langen Bürzelfedern der Hennen und die Sattelfedern des Hahnes erschweren die Begattung. Diesem Mangel läßt sich jedoch abhelfen, wenn im Frühjahr zur Zuchtzeit den Hennen die

für sie kein Hindernis. Volieren ohne Dach bieten keine Garantie, daß die Tiere darin bleiben. Da sich diese Hühner für Volieren eignen, sind sie eine Rasse für den Züchter in der Stadt, der keinen großen Auslauf bieten kann. Selbstverständlich nehmen die Hühner auch gern einen unbegrenzten Auslauf an. Im Futter sind sie sehr sparsam. Nachteilig ist, daß sie gern im Auslauf ihre Eier verlegen. Das Bruteiermindestgewicht ist 30 g. Die kleinen Hennen legen etwa 60 bis 80 Eier, brüten aber selbst nicht. Die Eier sind kunstbrutfest.

Federfüßige Zwerge, früher nur unter dem Namen Millefleur bekannt, gehören unzweifelhaft zu den ältesten Hühnerrassen. Sie sind seit Jahrhunderten in vielen Ländern bekannt. Der bekannte deutsche Naturforscher Pallas traf gelegentlich seiner Rußlandreise (1768 bis 1773) Federfüßige Zwerge an. Auf zahlreichen Gemälden alter Künstler wurden solche Hühner abgebildet, die als Vorläufer der Federfüßigen Zwerge betrachtet werden können. In Deutschland beschäftigte man sich mit der Zucht dieser Zwerghühner erst seit 1860 intensiver. Einen großen Aufschwung nahm die deutsche Zucht nach der im Jahre 1911 erfolgten Gründung der »Vereinigung der Züchter Federfüßiger Zwerge«. Von diesem Zeitpunkt ab wurde auch die Bezeichnung »Federfüßige

Ruhlaer federfüßige Zwerg-Kauler

Bürzelfedern und dem Hahn die Bauchfedern unterhalb des Afters zurückgeschnitten werden. Die Legeleistung ist recht unterschiedlich und hängt vom Bruttrieb ab. Sehr brütige Hennen legen etwa 40 Eier, nichtbrütige bzw. nur wenig brütige schaffen bis zu 80 Eier. Die Schalenfarbe der Eier ist weiß. Der Hahn wiegt 700 g, die Henne 600 g.

Sebright gleichen im äußeren Erscheinungsbild den Bantam sehr. Die Rasse ist englischer Herkunft. Der Züchter John Sebright zeigte seine Tiere das erste Mal 1815 der Öffentlichkeit vor. Im Jahre 1820 wurde dann die erste Musterbeschreibung aufgestellt, die heute noch Gültigkeit hat. Bei Hahn und Henne soll die gleiche feine Säumung in jeder Feder vorhanden sein. Das kann aber nur durch die Hennenfiedrigkeit des Hahnes erreicht werden, das Hauptmerkmal der Rasse und auch das Merkmal, das sie vom Bantam-Huhn trennt. Nach Deutschland kamen sie etwa 1850. Die Sebright werden nur in zwei Farben gezüchtet, in Gold und Silber. Die reine weiße bzw. goldene Farbe der Feder sollte bei jeder Feder schwarz eingefaßt sein, das ergibt eine sehr schöne Zeichnung und macht das kleine Hühnchen sehr attraktiv. Der Kopf ist recht klein und mit einem zarten Rosenkamm geziert. Der Körper ist zart. Diese sehr lebhaften und kecken kleinen Kerle

mit einem Gewicht zwischen 600 g (Hahn) und 500 g (Henne) haben ein starkes Geltungsbedürfnis. Sie wollen immer vornan sein. Der Bruttrieb ist noch vorhanden, und wenn sie brüten, sind die Hennen auch recht zuverlässige Brüter. Sie legen 60 bis 90 weiße bis gelbliche Eier. Die Mindestmasse des Bruteies ist mit 30 g festgelegt. Diese Rasse ist besonders auf grünem Rasen eine Augenweide, sie kann aber auch in Volieren gehalten werden. Wegen ihres leichten Gewichtes fliegen die Sebright fast wie Tauben.

Seidenhühner sind eine unserer ältesten Hühnerrassen. Dieses Huhn soll vor 4000 Jahren gezüchtet worden sein und war zunächst in Ost- und Südostasien verbreitet. In der Literatur werden verschiedene Angaben gemacht. Marco Polo entdeckte die Seidenhühner im 13. Jahrhundert in China und brachte sie nach Persien. 1780 kamen die ersten Tiere nach Europa. Die Zahl der Züchter ist jedoch immer klein geblieben. Häufig werden Seidenhühner nur zur Aufzucht von Küken anderer Zwerghuhnrassen oder der Küken von Fasanen gehalten. Dabei wird Wert auf die Erhaltung des starken ausgeprägten Bruttriebes, die Behutsamkeit und die Fürsorge bei der Aufzucht der Küken gelegt. Die Seidenbällchen sind auf Ausstellungen recht anziehend für die Besucher,

Sebright

Seidenhühner

denn die weiche haarige Feder ist eine Besonderheit. Ein weiteres auffallendes Merkmal ist der Kopf mit dem Federschopf. Im Schopf eingebettet liegt der blaurote Rosenkamm ohne Dorn. Er soll möglichst rund bis walzenförmig und ohne Auswüchse sein. Die blaurote Farbe des Kammes findet sich am ganzen Körper wieder. Ein geschlachtetes Tier sieht dadurch nicht gerade appetitlich aus. Ein weiteres wichtiges Merkmal der Seidenhühner sind die 5 Zehen. Sie sollen gut gespreizt und voll ausgebildet an den kurzen, dunkelblauen Läufen sitzen. Die Läufe sind an der Außenseite und an der äußeren Zehe kurz befiedert, rauhfüßig, haben aber keine Latschen. Die Beschaffenheit des Gefieders gab dem Huhn seinen Namen, es muß reichlich, dicht, seidenweich und haarähnlich sein. Die Seidenhühner werden in mehreren Farbenschlägen gezüchtet, einzelne sogar mit Bart. Der weiße Schlag besitzt die größte Verbreitung. Seltener sind schwarze, wildfarbige, blaue, rote und gelbe Tiere. Die Legeleistung ist recht unterschiedlich. Es gibt Hennen, die im Jahre nur 40 Eier legen, es gibt aber auch solche, denen die Brütigkeit sofort abgewöhnt

wurde und die bis 120 Eier legen. Die Schalenfarbe der Eier ist bräunlich. Die Bruteier sollen eine Mindestmasse von 35 g haben.

Da die Urzwerghühner kleine Eier legen, schlüpfen auch sehr kleine Küken, die kaum Eigenenergie besitzen. Sie sollten zumindest in den ersten Tagen nicht mit großen Küken zusammen gehalten werden. Statt Sand bzw. Grit sollte vorzugsweise Vogelsand gefüttert werden. Die kleineren Küken sollten nicht so früh in den Auslauf kommen, da sie besonders dann, wenn sie mit anderen Küken zusammen gehalten werden, sich schnell verkühlen können. Unbedingt sollten diese kleinen Küken spelzenfreie Schrote bzw. Kükenfutter erhalten. Auf geeignete Tränken mit nicht zu hohem Rand ist zu achten, denn es kommt oft vor, daß die kleinen Kerlchen verenden müssen, weil sie nicht an das Wasser herankommen konnten.

Welche Vorteile bringen Rassekreuzungen?

Unter Kreuzung ist nicht die Verpaarung von bunt durcheinanderlaufenden Rassetieren und deren Nachzucht zu verstehen, sondern eine bewußte, zielgerichtete Paarung von Rassen. In der Geflügelzucht werden durch Kombinationskreuzungen viele neue Rassen geschaffen. Die Kombinationskreuzung ist aber gegenwärtig weniger bedeutungsvoll als die Gebrauchskreuzung. Unter dieser wird die Paarung bestimmter Rassen zur Erzeugung von Gebrauchstieren verstanden, die nicht weiter vermehrt werden. Es ist immer wieder zu beobachten, daß Tiere der ersten Kreuzungsgeneration besonders widerstands- und leistungsfähig sind. Dieses Luxurieren der F_1-Generation, auch Heterosiseffekt genannt, wird in vielen Ländern in großem Maße bei verschiedenen Tierarten ausgenutzt. Dabei sind gute Legehennen oder wüchsige Masttiere zu erhalten. Voraussetzung für den Erfolg bei den Kreuzungen ist die Verwendung rassereiner, leistungsfähiger Ausgangstiere. Die Ansicht, daß durch Verbreitung der Gebrauchskreuzungen die Zucht rassereiner Tiere an Bedeutung verliert, ist völlig unbegründet. Im Gegenteil, die Ergebnisse der Gebrauchskreuzungen sind von der Güte der Ausgangsrassen abhängig. Außerdem sind immer wieder Rassetiere für die Gebrauchskreuzungen notwendig, denn eine Weiterzucht mit der F_1-Generation darf nicht erfolgen, weil in der F_2-Generation Rückschläge auftreten können. Sollen Legetiere erzeugt werden, so werden leichte Rassen miteinander gekreuzt. Wird dazu auf Fleischnutzung Wert gelegt, so kommen leichte Hähne mit mittelschweren Hennen in Frage. Steht die Fleischnutzung im Vordergrund, so werden gern Kämpferrassen verwendet, die ihre Vitalität und breite Brust vererben. Durch die Kreuzung bestimmter Rassen läßt sich bei den Küken eine unterschiedliche Färbung und Zeichnung des Daunenkleides der Geschlechter hervorrufen. Das ermöglicht sofort nach dem Schlupf die Trennung der Hahnen- von den Hennenküken.

Diese Geschlechtsmerkmale lassen sich nur erreichen, wenn die Hähne den Goldfaktor und die Hennen den Silberfaktor tragen bzw. wenn Schwarz und Streifenfaktor zusammenkommen. Die gleiche Möglichkeit besteht bei der Kreuzung von Farbenschlägen einer Rasse, wie die Paarung von rebhuhnfarbigen Italiener-Hähnen mit silberfarbigen Hennen oder von schwarzen Italiener-Hähnen mit gestreiften Hennen. Im ersten Fall sind die Eintagshähnchen hell weißgelb, die Eintagshennen rötlich braun. Im zweiten Beispiel hat das männliche

Geschlecht einen hellen Fleck auf dem Hinterkopf, während das weibliche reinschwarz gefärbt ist. Je nach den verwendeten Rassen, aber auch unterschiedlich für die einzelnen Tiere gibt es geringe Abweichungen von diesen Grundfarben und eine verschieden starke dunkle Zeichnung. Eine hervorragende Paarung sind Italiener-Hähne mit Sussex-Hennen. Diese Kreuzungen sind frohwüchsiger, frühreifer, zeigen eine bessere Mastfähigkeit, Futterverwertung und Widerstandsfähigkeit als die Elterntiere.

Was muß ich beachten, wenn ich Küken erbrüten lassen will?

dem Anpicken um den Schnabel oft noch recht klebrig. Diese Tierchen kleben dann sehr oft mit der Schale fest zusammen und sterben ab. Das sind nach meinen Erfahrungen meist Nachkommen von Hennen, die mit zuviel tierischem Eiweiß gefüttert wurden. Ist der Eiweißanteil zu gering, verfetten die Hennen und legen weniger. Entscheidend für gute Schlupfergebnisse und lebenskräftige Küken ist die ausreichende Versorgung der Zuchthennen mit Mineralstoffen und Vitaminen. Deshalb ist ein guter Auslauf im Grünen besonders für die Zuchttiere sehr geschätzt. Heute füttern unsere Züchter fertiges Legemehl, das Eiweiß, Vitamine und Mineralien in der optimalen Zusammensetzung enthält. Aber nicht nur die Fütterung und Haltung sind für gute Befruchtungs- bzw. Schlupfquoten verantwortlich. Kreuzungen

Eine sehr wichtige Etappe im Geflügeljahr ist die Brut und Aufzucht der Küken. Sie sind der Grundstein künftiger Ausstellungserfolge und Leistungen und müssen sorgsam behandelt, liebevoll betreut, optimal gefüttert und gehalten werden. Unsere Küken geben uns darüber Aufschluß, ob unsere oft jahrelange züchterische Arbeit von Erfolg gekrönt wird. Unter ungünstigen Aufzuchtbedingungen mit Mängeln in der Fütterung, Haltung und Pflege können sich vorhandene gute Erbanlagen nicht entfalten. Der Erfolg unserer Arbeit, ihr Ertrag hängt davon ab, daß wir den Tieren eine Umwelt mit günstigen Lebensbedingungen bieten. Es gibt verschiedene Möglichkeiten, Küken aufzuziehen. Früher bevorzugte man vorwiegend die natürliche Aufzucht, heute ist es die künstliche Aufzucht. Die Zuchttiere müssen so gehalten und gefüttert werden, daß einwandfreie Bruteier garantiert werden. Ein Drittel des Gesamteiweißes soll tierischer Herkunft sein, nicht mehr. Bei zu reichlichen Gaben wird die Qualität der Bruteier beeinträchtigt. Küken sind nach

tierisches Eiweiß

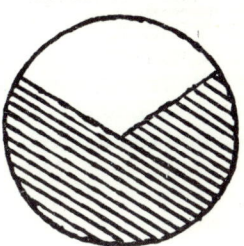

pflanzliches Eiweiß

len, auch wenn vereinzelt noch nach 3 Wochen gute Schlupfergebnisse erzielt wurden. Mir bekannte Züchter legten alle 2 Tage die von ihrem kleinen Zuchtstamm gelegten Eier etwa 2 Stunden in den Brutapparat, erwärmten damit den Keim und erhielten ihn so lebensfähiger. Das ist eine Analogie zu den natürlichen Abläufen, denn die Wildhenne legt ihre Eier im Verlauf etwa eines Monats und erwärmt täglich oder nach 2 Tagen durch Zulegen eines neuen Eies die ersten Eier mit. Wer sich diese Arbeit machen will, kann auch aus Eiern, die mehrere Wochen alt sind, beste Ergebnisse erzielen und hat mit einer Brut eine reichliche Aufzucht.

Sind Bruteier, die verwendet werden müssen, doch einmal verschmutzt, so können sie ausnahmsweise gewaschen werden, sonst müssen sie von der Brut ausscheiden. Das Abwaschen muß sehr schonend erfolgen, keinesfalls mit einer harten Bürste. Die Eier werden in lauwarmem Wasser (38 bis 40 °C) eingeweicht, bis sich der Schmutz mit der Hand leicht entfernen läßt. Das Waschen sollte am Tage des Eieran-

aus reinen Rassen schlüpfen im allgemeinen besser als reinrassige Küken. Das Alter der Hennen hat kaum Einfluß auf die Brutergebnisse, wenn auch immer wieder behauptet wird, daß Küken aus Bruteiern alter Tiere schlechter schlüpfen. Eindeutig ist nachgewiesen, daß bei Hähnen im ersten Jahr die höchsten Befruchtungsergebnisse erzielt werden. Aus diesem Grund werden, von wenigen sehr wertvollen Rassetieren abgesehen, vorwiegend nur Junghähne zur Zucht verwendet. Die Zuchtstammgrößen sind bei schweren Rassen 1 Hahn und 4 bis 8 Hennen, bei leichten Rassen 1 Hahn und 10 bis 15 Hennen. Bei dieser Größenordnung kann man mit guten bis sehr guten Befruchtungsquoten rechnen.

Die Bruteier sind besonders sorgfältig zu behandeln. Die Pflege beginnt bereits nach der Ablage. Saubere und trockene Einstreu im Nest bringt auch saubere Eier, eine wesentliche Voraussetzung für die Brut. Die Eier sind vor jeglicher Erschütterung zu schützen. Im Sammelraum sollte die Temperatur nicht unter 5 °C und nicht über 12 °C liegen. Ein tägliches Wenden ist von Vorteil. Für die Aufbewahrung der Eier gilt folgender Grundsatz: je kürzer die Lagerzeit, desto besser die Schlupfergebnisse. Ein Lagern länger als 10 Tage ist nicht zu empfeh-

Eiformen, die für die Brut ungeeignet sind

falles erfolgen, damit nicht schon während der Lagerung Keime in das Ei eindringen können. Nachdem der Schmutz entfernt ist, wird das Ei zum Abtrocknen auf eine Horde gelegt. Dabei darf die das Ei umgebende Schutzschicht, die das Eindringen von Keimen verhindert, nicht beschädigt werden. Gut läßt sich diese Schicht an Gänseeiern feststellen. Wenn diese eingeweicht sind, fühlt man bald eine öl- oder gallertartige Schicht. Beim Abtrocknen wird sie dann wieder fest. Würde man das Ei mit einer harten Bürste behandeln, nähme nicht nur diese Schicht Schaden, sondern es könnten auch Bakterien in die feinen Poren der Eischale eingerieben werden. Die Eier können auch mit bestimmten Mitteln desinfiziert werden. Hühnerküken schlüpfen nach 21 Tagen Brutzeit. Ist der Zeitraum länger oder kürzer, wurden die Temperaturwerte während der Brut nicht optimal eingestellt.

Natürliche Brut

In der Geflügelzucht und bei den Rassegeflügelzüchtern dominiert die Kunstbrut, jedoch gibt es seltene Rassen, deren Bruteier nicht »kunstbrutfest« sind und bei denen natürliche Brut betrieben wird. Sie sollte deshalb nicht in Vergessenheit geraten, sie hat auch eine Reihe von Vorteilen. Der Schlupf der Bruteier, besonders der seltener Rassen, ist nachweislich besser. Die Glucke nimmt dem Züchter einen guten Teil Arbeit ab. Der Züchter braucht sich kaum, von ein paar Minuten Betreuung täglich abgesehen, um die Nachzucht zu kümmern. Nach Ablauf der Brutzeit sind die Küken da und werden bei natürlicher Aufzucht von der Mutter betreut. Es sind keine kostspieligen Brutapparate oder später Infrarotstrahler erforderlich. Man braucht nicht darauf aufzupassen, daß die Küken zur Wärmequelle zurückfinden, die Mutter lockt sie mit ein paar Lauten unter ihre Fittiche. Trachten Katzen, Krähen oder Elstern den Küken nach dem Leben, finden sie Schutz beim Muttertier. Nicht zuletzt bietet die Naturbrut dem Geflügelliebhaber ein besonderes Erlebnis. Nicht wenige Tierliebhaber haben Freude an dem Geschehen im Brutnest, der Fürsorge des Bruttieres, dem Schlupf der Küken, dem Umgang des Muttertieres mit dem Nachwuchs. Diese Züchter wollen die Zusammenhänge in der Natur, die Wechselbeziehungen zwischen Muttertier, wachsendem Embryo und schlüpfendem Küken, die ersten Stimmkontakte zwischen Glucke und Küken noch im Ei vor dem Schlupf intensiv erleben. Das Verhalten der Glucke ist aber auch von praktischem Interesse. Es kommt z. B. vor, daß durch diese Stimmübereinkunft zwischen Muttertier und Küken im Ei einzelne Muttertiere die Zeit nicht abwarten können und die noch nicht schlupfreifen Küken aus dem Ei ziehen. Solche Hennen sollten nicht mehr zur Brut eingesetzt werden.

Für die Naturbrut sind nicht alle Rassen gut geeignet. Der Bruttrieb beeinträchtigt die wirtschaftlichen Erträge und wurde deshalb vielen Rassen »abgezüchtet«. Aber selbst bei Rassen, wie Italiener oder Leghorn, bei denen der Bruttrieb weitgehend verschwunden ist, treten immer wieder Glucken auf, die allerdings nur selten befriedigende Brutleistungen bringen. Geeignete Rassen sind Orpington, Sussex, Seidenhühner und andere Rassen ruhigen Charakters.

Hennen, die brütig werden, bleiben zuerst während einiger Tage nach dem Legen länger als gewöhnlich auf dem Nest sitzen, später sitzen sie die ganze Nacht über auf ihrem Nest. Von da an beginnt die Temperatur im Körper zu steigen, das sogenannte Brutfieber setzt ein. Wenn man abends mit der Hand unter die sitzengebliebene Henne langt, kann man feststellen, ob sie sich für die Brut eignet oder nicht. Hennen, die gackernd vom Nest fliegen, sind dafür ungeeignet. Nur die fest sitzende Henne, die die Hand mit unter ihre Flügel nimmt, ist geeignet. Die ausgesuchten Tiere, oft sind mehrjährige besser als einjährige geeignet, müssen in einem guten Futterzustand sein. Die Futter-

aufnahme während der Brut ist gering, und die Hennen nehmen in dieser Zeit stark an Körpermasse ab. Als Futter erhalten die Glucken nur Körner, die wöchentlich zwei- bis dreimal mit etwas Lebertran als Vitaminquelle angerührt werden sollten, dazu frisches Wasser. Weichfutter und Grünzeug könnten Durchfall erzeugen, und die Glucke würde die Eier verschmutzen.

Noch einige Regeln sind zu beachten. Für die Glucke sollte ein ruhiger, leicht abgedunkelter Raum zur Verfügung stehen. Störungen durch den Hahn, legende Hühner, Sonnenbestrahlung aufs Nest, Katzen, Hunde, lärmende Kinder usw. sind zu verhindern. Zweckmäßig ist es nach meiner Erfahrung, den künftigen Kükenstall gleich als Brutplatz zu verwenden.

Das Nest ist sorgfältig vorzubereiten. Als Nesteinfassung eignen sich zwei Lagen flach gelegter Ziegelsteine. Die Größe des Nestes kann etwa 40 × 40 cm oder 50 × 50 cm betragen, es kommt darauf an, ob eine großrassige schwere Henne oder eine Zwerghenne gesetzt wird. Als Nestunterlage werden Erde oder feuchter Sand verwendet. Dadurch nehmen die Eier aus dem Boden natürliche Feuchtigkeit auf. Dann

kommt Stroh über die geformte Mulde und zuletzt als weiches Innenpolster noch Heu.

Die Glucke ist vor dem Setzen etwas mit Insektenpulver einzustäuben, damit sie parasitenfrei wird. Durch die übernormale Körperwärme und geringe Bewegung vermehren sich Schmarotzer sehr schnell und belästigen das Bruttier, das kann so weit führen, daß die Glucke das Brüten aufgibt. Beim Bestäuben ist vorsichtig zu verfahren, es darf nichts in die Augen kommen.

Zunächst werden nur künstliche Eier untergelegt. Nimmt die Henne diese an und geht allein auf das Nest, können am nächsten Tag die Eier mit denen, die für die Brut vorgesehen sind, ausgetauscht werden.

Man sollte sich nicht darauf verlassen, daß die Glucke, wenn sie Hunger und Durst verspürt, von selbst zur Futter- und Wasseraufnahme das Nest verläßt. Die Veranlagungen sind unterschiedlich. Es gibt Glucken, die so fest sitzen, daß sie lieber auf dem Nest verhungern als es verlassen. Deshalb ist die Glucke täglich einmal zur gleichen Zeit vom Nest zu nehmen, damit sie fressen, trinken und sich entleeren kann. Je nach Temperatur und Witterung kann die Glucke ohne Schaden für die Eier 15 bis 30 Minuten vom Nest fernbleiben. Das Tier ist dabei zu überwachen, ob es wirklich frißt, trinkt, sich entleert und wieder auf das richtige Brutnest geht. Auch ein Sandbad während dieser Zeit hilft der Glucke, evtl. doch noch vorhandenes Ungeziefer loszuwerden.

Ist die Henne vom Nest, werden die Eier kontrolliert. Sind sie durch Kot verschmutzt oder mit dem Inhalt eines zerbrochenen Eies verklebt, werden sie in handwarmem Wasser (38 bis 39 °C), ohne sie zu schütteln, vorsichtig gereinigt. Ein Abtrocknen der Eier ist nicht notwendig. Manche Bruthennen werfen Eier aus dem Nest. Bei der Überprüfung stellt sich meist heraus, daß sie unbefruchtet oder gar abgestorben waren. Es ist anzunehmen, daß die Bruttiere die brutuntauglichen Eier an der geringeren Temperatur erkennen.

Natürliche Aufzucht

Wenn die Küken unter der Glucke geschlüpft sind oder ihr kurz nach dem Schlupf untergeschoben werden, spricht man von einer natürlichen Aufzucht. Auch bei der natürlichen Aufzucht brauchen die Küken Pflege und Futter. Es gibt jedoch Hühnerhalter, die glauben, daß für sie die Nachzuchtfrage gelöst sei, wenn die Küken aus den Eiern geschlüpft sind. Für die Ernährung würde die Glucke schon sorgen, wenn sie nur einen möglichst großen Auslauf zur Verfügung hat. Man sollte aber die Glucke nur als Wärmequelle und Wächter für die Küken betrachten, nicht als Ernährer.

Frisches Wasser muß ständig zur freien Verfügung stehen, wenn möglich in einer automatischen Tränke. Am besten haben sich die Turmtränken bewährt. Offene Gefäße, wie Töpfe, sind für die Küken lebensgefährlich. Auch werden solche Behältnisse von der Glucke häufig umgeworfen, und ehe wir es bemerken, haben die Küken kein Wasser mehr zum Trinken.

Wenn die Glucke mit ihren Küken in einem kleinen Kükenheim untergebracht ist, sollte der Auslauf in den ersten Wochen um dieses Heim nicht größer als 4 m² sein. Die Glucke wandert nicht zu weit, und die Küken bleiben nicht erschöpft im Gras hängen, sondern bleiben unter der Aufsicht der Mutter. Wird der kleine Kükenauslauf in der vollen Sonne aufgestellt, muß für Schatten gesorgt werden, da die kleinen Tierchen die pralle Sonne nicht ständig vertragen, es kann sonst zu Ausfällen kommen. Bei Küken, die von Glucken aufgezogen werden, sollte im besonderen Maße auf Hygiene geachtet werden. Sie dürfen nicht vom Kot der Mutter beschmutzt werden, und die Mutter sollte frei von Parasiten sein, die ja schnell auf die Küken übergehen können.

Besitzt man mehrere kükenführende Glucken im Freiauslauf, so empfiehlt es sich, diese etwas getrennt voneinander zu halten, damit die Glucken fremde Küken nicht totbeißen. Selbst die Glucken untereinander zerfleischen sich sehr oft und zertreten beim Kampf die um sie gescharten Küken. Glucken sind sehr streitsüchtig und dulden selten jemanden in ihrer Nähe. Bei mehreren Glucken in einem Auslauf rate ich, Drahthauben zu verwenden, unter denen die Glucken eingesperrt sind. Nur die Küken können aus dem Drahtkäfig heraus und ungestört den Auslauf nutzen. Sie haben dort Gelegenheit zur Aufnahme von Grünfutter, von verschiedenen Kerbtieren und Würmern und anderem, was die freie Natur bietet.

Der Praktiker kann bei der Brut während des Kühlens sehr schnell brutuntaugliche Eier herausfinden. Befruchtete Eier sind etwas wärmer als unbefruchtete oder abgestorbene. Vor allem in der zweiten Hälfte der Brutzeit ist dieser Temperaturunterschied bei der Kontrolle der Eier auffallend.

Die Eier sind unbedingt in der Mitte der Brutzeit und nochmals 3 bis 4 Tage vor dem Schlupf zu durchleuchten, um klare oder abgestorbene herausnehmen zu können. Während des Schlupfes ist jede unnötige Beunruhigung von Bruttieren fernzuhalten. Trotzdem sollten hin und wieder die leeren Eierschalen vorsichtig und behutsam aus dem Nest entfernt werden. Es könnten sich sonst leere Schalen über die Eier stülpen, aus denen noch keine Küken geschlüpft sind, und die Pickstellen überdekken. Das kann zum Absterben des Kükens führen. Nach Beendigung des Schlupfes wird das Bruttier mit den Küken in einen sorgfältig vorbereiteten Aufzuchtraum bzw. in ein Kükenhaus gesetzt. Damit beginnt die eigentliche Aufzuchtperiode.

Künstliche Brut

Die Eier lagen breitflächig auf einer Horde, die Wärme wirkte von oben ein. Die Eier mußten sowohl verlegt als auch gewendet werden, das ist auch heute noch so. Die Eier, die von der Wärmequelle etwas entfernt liegen, werden nicht so gut durchwärmt wie die Eier unmittelbar unter der Wärmequelle. Gemessen wird die Temperatur stets an der Eioberseite. Bei Flächenbrütern muß sie heute 39 °C betragen, und das Temperaturgefälle soll 2 K zwischen Eioberseite und Eiunterseite nicht übersteigen, so daß an der Eiunterseite 37 °C herrschen müssen.

Die nach dem ersten Weltkrieg immer mehr eingeführten Schrankbrüter haben sich besonders bewährt und sind deshalb stark verbreitet. Die Eier sind hier in einer Trommel übereinan-

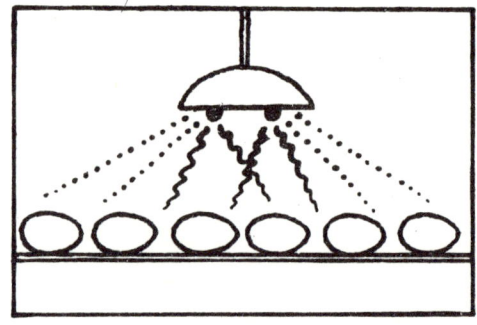

Flächenbrüter, Bruteier müssen verlegt werden

In Europa fand die Kunstbrut erst in den achtziger Jahren des vorigen Jahrhunderts Eingang, als man begann, Brutapparate industriell herzustellen. In Ägypten und China wurden die Eier des Hausgeflügels schon vor vielen Jahrhunderten in Bruthäusern aus Lehm und in Tontöpfen künstlich erbrütet. Gegenüber der Naturbrut bietet die Kunstbrut entscheidende Vorteile:
- Es kann jede beliebige Anzahl von Eiern bebrütet werden,
- man kann zu jedem Termin, zu jeder Jahreszeit brüten,
- es gibt keine Verminderung des Eierertrages durch nichtlegende Glucken,
- die Schlupfergebnisse sind im allgemeinen gleichmäßiger und sicherer.

Bei den ersten Brutapparaten, den Flächenbrütern, wurde das natürliche Brüten nachgeahmt.

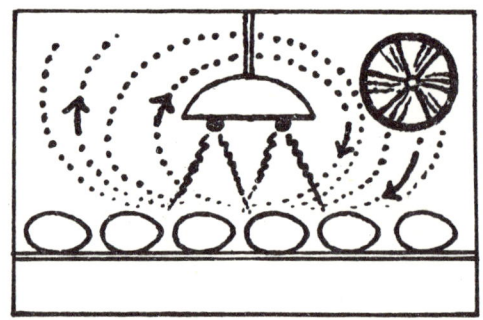

Flächenbrüter mit Ventilator, Bruteier müssen nicht verlegt werden der angeordnet, so daß sogar mehrere Hundert Eier in verschiedenen Größen untergebracht werden können. Die Heizkörper sind an der Rückwand und an den Seitenwänden verteilt. Die aufsteigende erwärmte Luft schafft im Schrank ungleiche Temperaturen, deshalb müssen ständig Ventilatoren die Wärme gleichmäßig verteilen. Hier gibt es kein Temperaturgefälle zwischen Eioberseite zu Eiunterseite. Im Schrankbrüter wird mit etwa 38°C gebrütet. Das entspricht der Temperatur der Eimitte im Flächenbrüter. Man schaltet bei Hühnereiern die Heizung bei 37,8°C aus. Die Heizung ist so einzustellen, daß sie bei 37,2 bis 37,7°C wieder arbeitet. Solche Temperaturschwankungen schaden den Eiern keineswegs. Sie treten bei der Naturbrut in weitaus stärkerem Maße auf. Untertemperaturen und auch

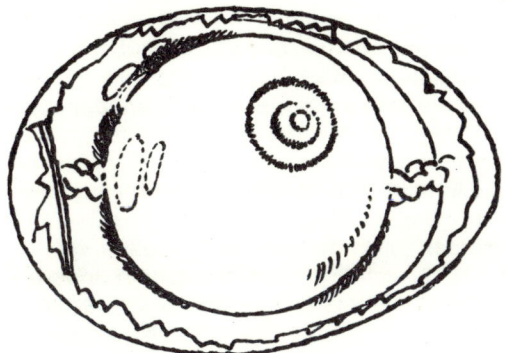

Hühnerei am Ende des 1. Bruttages

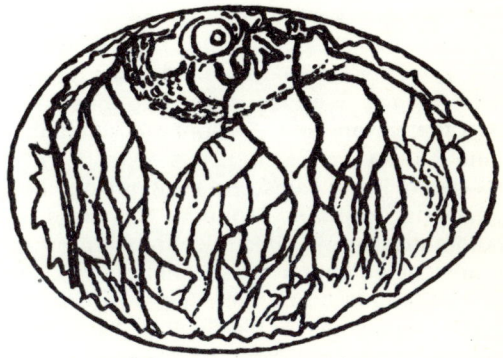

Hühnerembryo am Ende des 7. Bruttages (Seitenansicht)

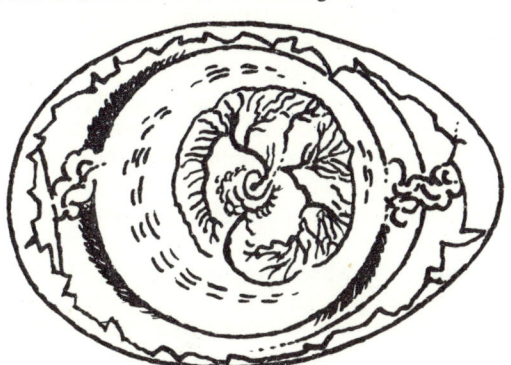

Hühnerei am Ende des 3. Bruttages

Hühnerembryo am Ende des 19. Bruttages

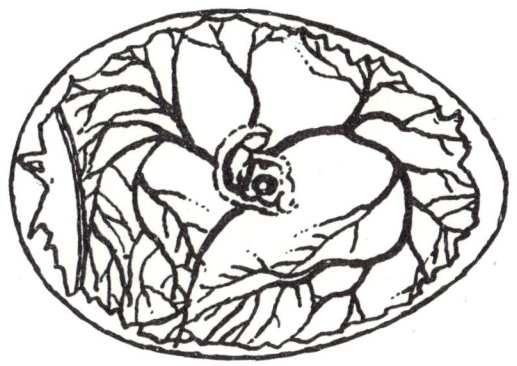

Hühnerei am Ende des 5. Bruttages

Übertemperaturen wirken sich über eine längere Zeitspanne schädigend auf die Embryonalentwicklung aus. Ein sehr wichtiger Fakt ist aber das tägliche Kühlen der Bruteier. Es genügt, wenn die Heizungen abgeschaltet werden und die Türen etwa 15 min, je nach Raumtemperatur, geöffnet werden. Für das Kühlen und die Feuchtigkeit während der Brut und der Schlupfzeit können keine genauen Werte festgelegt werden. Die Literatur gibt für die Vorbrut 60% und für den Schlupfbrüter mindestens 85 % relative Luftfeuchtigkeit an. Entscheidend sind die Größen der Luftblasen in den bebrüteten Eiern. Sind sie nach 8 Tagen noch sehr klein, kann man trockener brüten, sind sie aber schon recht groß, sollte unbedingt mehr Feuchtigkeit zugeführt werden. Jeder Geflügelzüchter, der künstlich brütet, muß das normale Wachstum der Luftblase kennen, um bei Abweichungen sofort die richtigen Maßnahmen einleiten zu können.

Das Wenden ist ein wichtiger und oft zeitaufwendiger Akt bei der Kunstbrut. Nur durch regelmäßiges Wenden der Bruteier ist eine normale embryonale Entwicklung des Kükens möglich. In nicht gewendeten Eiern kleben die Keime an der Schale fest, sterben ab, oder der Stoffwechsel wird so ungünstig beeinflußt, daß die Küken beim Schlupf steckenbleiben. Eine Glucke wendet ihre Eier tagsüber etwa stündlich. In der Kunstbrut muß analog häufig gewendet werden. Moderne Apparate mit automatischer Wendeeinrichtung führen das in gleichbleibenden Zeitabschnitten zwölfmal in 24 Stunden durch. Bei kleinen Aufzuchten sollte wenigstens 4- bis 5mal in 24 Stunden gewendet werden. Wenn nachts nicht gewendet wird, sollte tagsüber 3-, 5- oder 7mal gewendet werden, damit die Eier abwechselnd lange in verschiedenen Schräglagen liegen. Bei Flächenbrütern sind zusätzlich noch die Plätze der Eier zu wechseln, aus der Mitte an den Rand und umgekehrt.

Einer durch Luftklappen geregelten Ventilation kommt ein besonderer Wert zu. Das Embryo im Ei atmet wie alle Lebewesen Sauerstoff ein und gibt Kohlendioxid ab. Wenn der Sauerstoffanteil in der Luft des Brutapparates unter 15% sinkt, treten Verluste auf. Die Zusammensetzung der Luft wird bei der Brut nicht gemessen, das ist zu kompliziert. Unter 15% kann der Sauerstoffanteil der Luft nur bei vollkommen geschlossenen Lüftungsöffnungen absinken. Schlüpfen Küken gut und schnell, aber werden sie nicht rechtzeitig aus dem Apparat genommen, dann kann eine Kohlendioxidvergiftung eintreten. Die Schlußfolgerung daraus: Während des Schlupfes die Lüftungsklappen weit öffnen, und zweimal am Tag die geschlüpften Küken herausnehmen!

Während des Schlupfes dürfen die Türen des Apparates nur kurze Zeit geöffnet werden. Die Horden werden auf einen Tisch gestellt, das Oberteil mit den Eiern und den Schalen wird abgenommen, danach werden die leeren Schalen entfernt und die Küken in die Aufzuchträume gebracht. Dann wird das Oberteil sofort

wieder aufgesetzt. Unmittelbar danach ist wieder für entsprechende Luftfeuchtigkeit zu sorgen. Ich erziele durch ein Beschütten der gesamten Eier im Schlupfbrüter alle 4 Stunden mit normalem Leitungswasser beste Erfolge. Wichtig ist, daß der Brutapparat so schnell als möglich wieder auf die normale Bruttemperatur kommt. Eventuell sind dafür bei einfachen Brütern noch Zusatzheizungen anzubauen.

Bevor der Schlupfbrüter neu belegt wird, ist er gründlich zu reinigen und zu desinfizieren. Zuerst entfernt man den Kükenstaub mit einem Staubsauger, dann wischt man feucht aus. Sind die gut gereinigten Horden wieder eingeschoben, werden die Lüftungsöffnungen geschlossen, die Wannen mit Wasser gefüllt, und das Abteil wird bei laufendem Motor angeheizt. Man stellt zusätzlich ein Gefäß aus Ton oder anderen nichtmetallischen Stoffen in den Schrank, gießt Formalinlösung oder andere im Handel angebotene Desinfektionsmittel hinein, schließt schnell die Tür und läßt bei großen Apparaten den Motor eine Stunde lang laufen. Die entstandenen Dämpfe desinfizieren den Schlupfraum. Danach ist gut zu lüften, ehe eine neue Einlage erfolgen kann.

Die beste Brutzeit ist im Frühjahr. Künstliche Brut im Januar, Februar hat den Vorteil, daß die Junghennen bereits im Herbst, wenn die alten Hennen in die Mauser gehen, mit dem Legen beginnen, aber die früh erbrüteten Küken sind kostspielig in der Aufzucht. Ich halte einen Schlupf Ende März bis Anfang April am vorteilhaftesten. Die Küken wachsen mit der Sonne, und die Außentemperaturen sind schon viel günstiger für eine Aufzucht als zu einer früheren Jahreszeit. Die Küken können sich dann schon oft im Freien bewegen. Das ist für ein gesundes Wachstum und einen gesunden Organismus von Vorteil.

Frisch geschlüpfte Küken können sofort verschickt werden, da sie sich gegenseitig wärmen und bis zu 48 Stunden keine Nahrung benötigen. Ein Verschicken in diesem Alter ist besser als 3 Wochen nach dem Schlupf. Für das Verschicken verwendet man am besten Standardkartons. Keinesfalls sind die Ringe im Innenraum des Kartons zu entfernen, da sich sonst die Tiere in eine Ecke drängen und sich erdrücken können. Mindestens 20 Tiere sollten gemeinsam verschickt werden. Weniger Tiere können sich nicht ausreichend erwärmen.

Künstliche Aufzucht

Unter dem Begriff künstliche Aufzucht versteht man die Aufzucht von Küken unter künstlichen Wärmequellen, die im Brutapparat oder auch unter der Henne geschlüpft sind. Dabei ist es möglich, eine größere Zahl von Küken zur gleichen Zeit aufzuziehen. Die 32 °C, die als Temperatur zu Beginn der Aufzuchtzeit gebraucht werden, sollten vorher schon unter den Wärmequellen im Stall herrschen.

Ein Flächenbrüter für rund 100 Eier, nur einmal im Jahr benutzt, kann zusätzlich für die Aufzucht verwendet werden, zumindest in den ersten Wochen. Wer sich mit 50 bis 60 Küken begnügt, der nimmt aus seinem Flächenbrüter alle Roste und Wassergefäße heraus, regelt die Temperatur auf 32 °C und legt den Boden mit Papier, unter der Wärmequelle mit einem Scheuerhader aus. Durch eine Luftöffnung kann eine Glühlampe gehängt und damit den Küken das für die Futteraufnahme nötige Licht gegeben werden. Das Papier sollte man mit Sand bestreuen. Danach können die Küken wieder in den Apparat. Es werden geeignete Näpfe für Futter und Wasser aufgestellt, und die Aufzucht beginnt. Täglich sind die Kotreste bzw. die Kükenwindeln in Form eines Scheuertuches zu wechseln. So können die Küken je nach Rasse und Zahl etwa 14 Tage bis 3 Wochen gehalten werden.

Wesentlich besser, ja geradezu ideal für die Aufzucht kleiner Gruppen von Eintagsküken ist ein Kükenheim. Hiervon gibt es viele Bauarten. Am hygienischsten sind die mit Zwischenrosten, bei ihnen entfällt das tägliche Säubern. Sie sind vor Besatz zu desinfizieren und entsprechend vorzuheizen. An Kükenheime, die im Freien stehen, schließt sich meist ein kleiner Auslauf an. Die Küken können laufend zwischen Wärmequelle und Auslauf wechseln. Dadurch werden sie abgehärtet, und der Stoffwechsel im Körper wird gesteigert. Kükenheime sollten niemals unnütz hoch gebaut werden, da sonst zuviel Wärmeverlust entsteht. Für eine Kükenzahl von über 100 empfiehlt sich

Kükenhaus mit Rosten

schon ein größerer Raum zur Aufzucht. Hier wird eine Ecke als Warmecke eingerichtet, und den Rest der Fläche, auf der Futter- und Tränkgefäße aufgestellt werden, nutzt man als Abhärtungsraum mit wesentlich niedrigeren Temperaturen. Keinesfalls ist die gleiche Tem-

Brikettglucke

peratur im ganzen Raum zu empfehlen. Dadurch würden die Küken verweichlicht und verkühlen sich später im Auslauf leichter. Als Folge können Wachstumsstörungen eintreten.

Die Temperatur bei der künstlichen Aufzucht sollte in Bodennähe gemessen in der 1. Woche unter der Wärmequelle etwa 30 bis 32 °C betragen. Von Woche zu Woche wird sie um 2 K gesenkt, bei großen starken Rassen auch etwas mehr. Besonders eignen sich hierzu Heizungen mit Stufenschaltungen. Die Raumtemperatur sollte 12 °C nicht unterschreiten, auch nicht bei Küken, die von der Mutter aufgezogen werden.

In Aufzuchthütten ohne massiven Boden ist die Nachtabkühlung zu beachten. Hier haben sich Wärmedämmplatten und andere wärmedämmende Baustoffe gut als Einlagen bewährt. Bodenkälte führt zu Verkühlung und Störungen im Stoffwechsel, wodurch das Wachstum oft stark behindert wird. Die Tiere sind sehr anfällig für Krankheiten, die dann häufig seuchenhaften Charakter annehmen können.

Von den Wärmequellen sind als erstes die Infrarotstrahler zu nennen, die sich infolge ihrer bequemen Handhabung in den letzten Jahren rasch eingebürgert haben. Sie senden Strahlen im Infrarotbereich aus, die erst beim Auftreffen auf den Körper in Wärmeenergie umgewandelt werden. Jedoch wird die Luft in den Aufzuchträumen nicht direkt erwärmt. Diese Strahler genügen besonders im Winter als einzige Wärmequelle nicht. Sie haben Vor-, aber auch Nachteile. Die Vorteile sind:
- Sofort nach dem Einschalten wird gleichmäßige Wärme erzeugt,
- sie sind sauber und mit geringem Zeitaufwand zu bedienen.

Die Nachteile sind:
- Sie erwärmen ungenügend bei starker Kälte,
- der plötzliche Ausfall des Strahlers kann katastrophale Folgen für die Küken haben,
- Anschaffung und Betrieb sind teurer als bei anderen Heizarten.

Immer mehr kommen die Stuwa-Heizplatten in Anwendung, die als Bodenwärmeplatten, aber

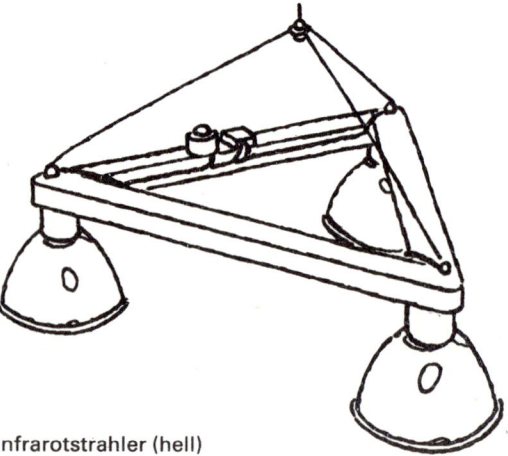

Infrarotstrahler (hell)

auch als Oberwärmeplatten verwendet werden. Bodenplatten haben den Vorteil, daß die Küken auf angewärmtem Boden sitzen. Wichtig ist eine besonders genaue Einstellung der Temperatur, 28 bis 30 °C reichen in der ersten Woche.

Die Wirtschaftlichkeit der Infrarotstrahler und Wärmeplatten hängt allerdings von ihrem richtigen Einsatz ab. Wichtig ist das sachgemäße Aufhängen, und bei stufengeschaltetem Einsatz muß die richtige Abstufung gefunden werden. Wenn sich Küken in einer Ecke zusammendrängen, ist es bestimmt zu kalt. Sitzen die Tiere nur

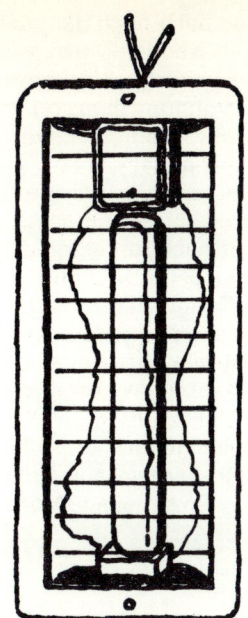

Infrarotstrahler (dunkel), Unterseite

die unter Hellstrahlern gehalten werden, fressen auch nachts, also 24 Stunden lang. Dadurch wird der Kropf nicht so groß ausgebildet wie bei Küken, die unter Dunkelstrahlern aufwachsen, sich abends den Kropf vollfressen und damit einen Nachtvorrat besitzen. Sie haben gegenüber den Küken, die unter Hellstrahlern aufwachsen, einen Vorteil. Diese Küken fressen, auch wenn die Bestrahlung eingestellt wird, abends wenig und müssen sich erst daran gewöhnen, abends viel zu fressen. Durch diese Umstellung tritt oft Wachstumsverlust ein.

Die Züchter, die in ihren Anlagen bzw. Stallungen keinen elektrischen Anschluß haben, verwenden Brikett- bzw. Grudeglucken. Hier ist zwar ein Mehraufwand an Zeit erforderlich, aber der Energieaufwand ist wesentlich kostengünstiger. In beiden Fällen handelt es sich um aus starkem Blech gebaute Kästen, in denen Briketts bzw. Grudekoks verbrannt werden. Sie sind auf drei Seiten mit einem Schirm versehen, an dem sich die Wärme staut. Für genügend Be- und Entlüftung zu sorgen. Diese

weit vom Strahler entfernt, so ist er zu warm eingestellt. Der Züchter muß gut beobachten, was seinen Küken guttut.

Es gibt Hell- und auch Dunkelstrahler. Beide Arten sind für die Kükenaufzucht geeignet. Die nächtliche Beleuchtung durch Hellstrahler stört die Entwicklung der Küken nicht wesentlich. Bei Dunkelheit neigen die Küken dazu, sich in Ecken zusammenzudrängen. Dabei kann es passieren, daß sie einander erdrücken. Küken,

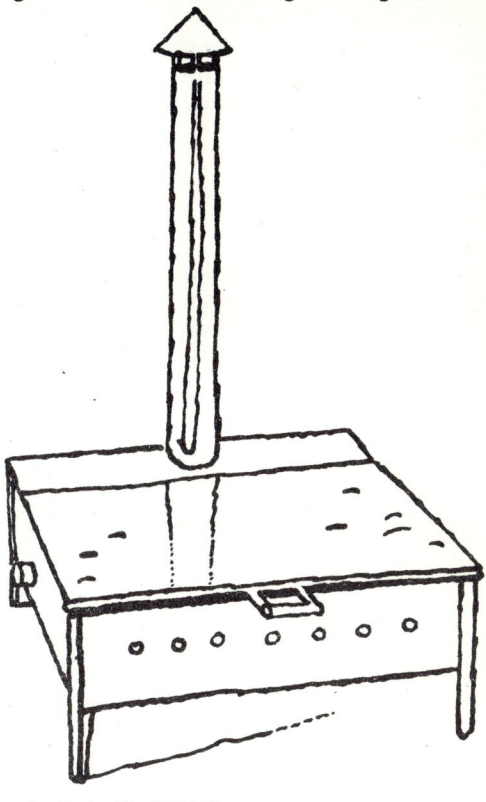

Grudeglucke für 250 Küken

Beheizung eignet sich besonders für etwas geräumigere Ställe. Brikettbeheizte Glucken erzeugen auch im Winter ausreichend Wärme. Täglich muß drei- bis viermal nachgelegt werden. Wöchentlich ist zweimal die Asche und alle 3 Wochen der Glanzruß aus dem Abzugsrohr zu entfernen. Grudebeheizte Glucken reichen in Abhängigkeit von der Raumgröße und Wärmehaltung als alleinige Heizquelle bei stärkerer Kälte nicht immer aus. Sie spenden durch den glühenden Grudekoks zwar eine langanhaltende milde Wärme, aber täglich muß bis zu fünfmal, je nach Zug, nachgelegt werden. Die Säuberung erfolgt wie bei der brikettbeheizten Glucke. Diese beiden Glucken waren bis vor einigen Jahren die verbreitetsten Wärmequellen. Da ihr Betrieb jedoch recht arbeitsaufwendig ist, werden sie von den Züchtern immer weniger verwendet.

Die Warmwasserheizung wird nur selten in kleinen Zuchten angewandt, öfter aber in großen Aufzuchthäusern. Sie wird als Bodenwärme und als Wärmestrahlung von oben eingesetzt. Die Heizröhren werden schlangenartig angelegt und mit wärmedämmenden Platten abgedeckt, damit die Wärme gestaut wird. Solche Anlagen sind jedoch für kleinere Zuchten in der Anschaffung zu kostenaufwendig, aber ihr Betrieb ist im Vergleich zu anderen Heizquellen am kostengünstigsten. Wenn eine Warmwasserheizung an eine vorhandene Heizungsanlage angeschlossen werden kann, lohnt sie sich selbstverständlich auch für kleinere Anlagen. Die Wärmestrahlung ist sehr gleichmäßig. Da der Heizkessel in einem gesonderten Raum aufgestellt ist, gelangen keine Gase in die Aufzuchträume.

Vereinzelt werden auch noch gemauerte Öfen in der Aufzucht verwendet. Die aus Ziegelsteinen gemauerte künstliche Glucke gleicht den Kachelöfen der Wohnungsheizung, im Unterschied zu ihnen führen lediglich zwei Züge, die die meiste Wärme abgeben, am Boden entlang. Seitlich sind um die Wärmezüge noch Bleche zum Wärmestau angebracht.

Küken brauchen je nach Jahreszeit und Rasse 6 bis 10 Wochen lang beheizte Unterkünfte. Nach dieser Zeit sollte langsam die Umstellung auf normale Umgebungstemperaturen erfolgen. Weit verbreitet für die Aufzucht sind die leicht versetzbaren Kükenhütten. Sie haben gegenüber den festen Kükenhütten den Vorteil, daß der Auslauf besser genutzt und die Hygiene besser eingehalten werden kann. Küken nutzen in den ersten Wochen nur einige Meter der Um-

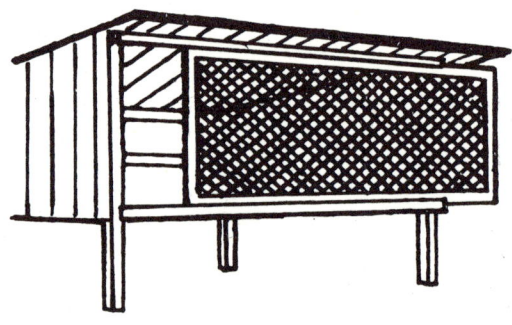

Fenster am Stall im Sommer durch Drahtgitter ersetzt

gebung ihrer Unterkunft und verkoten sie sehr schnell. Leicht versetzbare Hütten sind deshalb von Vorteil.

Für die heranwachsenden Küken sollte immer frisches Trinkwasser zur beliebigen Aufnahme zur Verfügung stehen. Während der ersten Wochen werden Küken am besten aus Plast-Stülptränken mit Wasser bzw. Tee versorgt. An diesen Tränken kann man genau kontrollieren, wann sie nachgefüllt werden müssen. Viele Züchter geben in den ersten Wochen einen leichten Salbeitee, er fördert die Magen- und Darmtätigkeit. Beginnt man Magermilch zu verfüttern, dürfen keine verzinkten Gefäße verwendet werden. In ihnen können giftige Verbindungen entstehen.

Eine 2-Liter-Tränke reicht für 30 Küken aus. Sind die Tiere älter, empfiehlt es sich, eine Turmtränke zu verwenden. Sie ist sehr sparsam und hygienisch. 14 Tage nach dem Schlupf sind die Tränken für die Küken etwas erhöht aufzustellen. Geeignet dafür sind drahtbespannte Rahmen von etwa 60 × 60 cm, auf denen die Tränke steht. Dadurch kommt das Trinkwasser mit der Streu außerhalb des Drahtrahmens nicht in Verbindung. Werden Medikamente verabreicht, sind unbedingt Plast-Stülptränken oder Tränken aus Glas oder Steingut zu verwenden.

Als Einstreu kann ich verschiedene Materialien empfehlen. Die meisten Züchter verwenden Sand als Einstreu, oft im Gemisch mit Holzspänen. Sand wird in jedem Fall benötigt, da dieser von den Tieren aufgenommen wird und bei der Verdauung im Muskelmagen eine große Hilfe ist. Mit Holzspänen oder Sägemehl eingestreute Ställe werden immer einen sauberen Eindruck machen, und sie lassen sich gut reinigen. Zu empfehlen sind noch Häcksel, Kurzstroh oder auch die verschiedenen Spreuarten, ausgenommen die Spreu des Roggens und der Gerste. Durch die vielen Grannen ist sie ungeeignet. Sobald die Einstreu feucht oder klumpig zu werden beginnt, muß sie gewechselt werden.

Eine neue Form der Einstreu ist die Wärmetiefstreu, sie gewinnt erst seit etwa 20 Jahren immer mehr an Bedeutung. Gegenüber anderen Einstreuarten ist sie weniger arbeitsaufwendig und hat noch andere Vorteile. Die Ställe sind nicht fußkalt, die Tiere werden zum Scharren angeregt und damit von Untugenden wie Federfressen und Kannibalismus abgelenkt. Die Bestandteile der Streu sind Stroh, Häcksel, Laub, besser Sägemehl oder Hobelspäne. Wichtig ist, daß alles trocken ist und mindestens 14 Tage vor dem Einsetzen der Küken eingebracht wird. Tiefstreu muß mindestens 15 bis 20 cm hoch eingebracht werden. Sie sollte etwas festgetreten werden. In den darauffolgenden Tagen entsteht Ammoniakgas, das durch gutes Belüften abgeleitet werden muß. Bei noch zu hoher Feuchtigkeit empfiehlt es sich, die Wärmequelle einzuschalten und die Tiefstreu mehrmals umzuharken. Kurz vor der Besetzung mit Küken ist nochmals eine dünne Schicht Spreu oder Holzspäne aufzutragen. Kies oder Grit ist bei dieser Art der Einstreu zusätzlich bereitzustellen.

Die Fütterung der Küken beginnt mit dem Einsatz in den Aufzuchtstall, aber spätestens am 2. Tag nach dem Schlupf. Das soll aber nicht heißen, daß die Küken in den ersten 48 Stunden hungern müssen. Allerdings empfehle ich, in den ersten 5 bis 7 Tagen nur solche Futtermittel wie Weizengrütze und Haferflocken zu füttern. Diese eiweißarme Fütterung ist durch den Eiweißvorrat im Dottersack der Küken gerechtfertigt. Der Eiweißvorrat muß erst abgebaut werden, ehe eine neue intensive Eiweißzufuhr zur Förderung des Wachstums von Nutzen ist. Vorsicht ist mit Getreideschroten geboten, in denen noch Spelzen vorhanden sind. Diese wirken wie Nadeln in den Blinddärmen und rufen oft starke Entzündungen hervor, an denen die Tiere dann verenden. Für die erste Woche empfiehlt es sich, das Futter in möglichst vielen Mahlzeiten, aber in kleinen Gaben zu verabreichen, um die Tiere ständig bei Appetit zu

halten. Am 7. Lebenstag kann dann die intensive Eiweißzufuhr einsetzen. Früher bekamen die kleinen Wattebälle ab diesem Tag gehacktes Ei und Quark ins Futter, dazu kamen noch gewiegte Brennesseln, um den Vitaminhaushalt zu sichern. Auch Ameisenpuppen, Mehlwürmer, Maden und Insekten werden vom Ende der ersten Woche an schon aufgenommen und fördern das Wachstum. Wer diese wertvollen tierischen Eiweiße anbieten kann, sollte das tun. Der benötigte Eiweißgehalt der gesamten Futtermenge liegt bei 20 % und der Anteil des Mineralstoffgemisches (Futterkalke) bei etwa 5 bis 7 %. Günstig wirkt sich Afarom aus. Es enthält Mineralstoffe und Spurenelemente. Vitamin A ist besonders wichtig. Wer es nicht künstlich anbietet, muß Brennesseln, grünen Salat, junge Grasspitzen, Vogelmiere oder Löwenzahn verwenden. Diese Futtermittel haben außerdem die Gesundheit stabilisierende Wirkungen. Sie werden heute nur noch selten eingesetzt, da sie kostspielig oder nur mit großem Zeitaufwand zu beschaffen sind. Einer Empfehlung von Kohlmann folgend, mische ich einem kg Trockenfutter für Küken zwei gehäufte Teelöffel Zucker bei. Nach meiner Erfahrung fressen die Küken dann besser, auch wenn die wissenschaftliche Wertung noch unklar ist (Engelmann 1984).

Bei der modernen Kükenaufzucht wird von Anfang an fertiges Aufzuchtmehl, das alles enthält, was das heranwachsende Küken benötigt, gefüttert. Das Aufzuchtmehl wird trocken oder feucht-krümelig in kleinen Trögen bzw. auf flachen Brettchen gereicht. Nach 14 Tagen können dann schon die größeren Tröge verwendet werden. Es ist dafür zu sorgen, daß genügend Platz für alle Küken an den Trögen vorhanden ist, denn sonst verdrängen die starken die schwächeren Tiere. Besonders die Hennen sind dann im Nachteil. Man rechnet bis zur 6. Woche je Küken etwa 5 cm Troglänge, ab der 12. Woche 8 cm. Schon für dieses Alter haben sich stehende oder auch hängende Automaten bewährt, besonders für Schrot- bzw. Körnerfutter. Weichfutter sollte weiter in Trögen gereicht werden.

Aus fütterungstechnischer und hygienischer Sicht müssen Futter- und Tränkgefäße folgenden Anforderungen genügen:

- ausreichendes Fassungsvermögen und genügend Platz für alle Tiere,
- die Möglichkeiten, Futter herauszuscharren, müssen eingeschränkt sein,
- eine Verschmutzung des Futters durch Kot sollte unmöglich sein,
- Spritzwasser muß wieder aufgefangen werden,
- die Oberflächenbeschaffenheit des Materials muß eine gute Reinigung zulassen,
- das Material muß desinfizierbar sein.

Die Anzahl von Futter- und Tränkgefäßen sollte der täglichen Wasser- bzw. Futteraufnahme des Tierbestandes entsprechen.

Auswahl der Jungtiere

Spätestens 4 bis 6 Wochen nachdem die Küken geschlüpft sind, beginnt die Glucke wieder zu legen und führt ihre Küken nur noch nebenbei. Meist brauchen sie die Glucke auch nicht mehr, es sei denn, es ist abnorm kalt, oder es ist eine Rasse, die sich schwer befiedert. In solchen Fällen müssen die Tiere im Stall verbleiben. Nach 6 Wochen sollte man die ersten Kontrollwägungen durchführen, ob die Tiere normal gewachsen sind. Untergewicht kann auf Krankheiten hindeuten. Die zweite Wägung ist nach 12 bis 14 Wochen fällig. Alle Tiere, die bis dahin nicht das normale Gewicht erreicht haben, sind von der Weiterzucht auszuschließen. Man sollte sie von der Herde entfernen und versuchen, sie noch etwas zu mästen, gemeinsam mit anderen Tieren, die es nicht lohnt, vollkommen ausreifen zu lassen; das sind alle Tiere mit groben Rassefehlern, wie X-Beine, Kreuzschnabel, Kammfehler, Flügellücken, Entenfüßigkeit, fehlende Zehenglieder, Augenfehler.

Hahn mit Hängeflügel

Bei letzteren sollte man beachten, daß die Iris ihre endgültige Farbe erst später bekommt. Von der Zucht ausgeschlossen werden auch

X-Beine

Fußringe, Flügelmarken, Kükenklammern

alle Tiere, die nicht die gewünschten Farben zeigen. Ab etwa 1 bis 1,2 kg Gewicht sind diese Ausschluß-Jungtiere schlachtreif. Sie sind sehr schnell gar, und derart zarte Tiere werden gern bei einer Grillparty verwendet. Feinschmecker bevorzugen dafür besonders Tiere vom schweren Schlag.

Wer es kann, sollte außerdem noch die Hähne von den Hennen trennen. Die Junghennen werden von den Hähnen unterdrückt, deshalb ist eine Trennung der Geschlechter ab der 12. Woche zu empfehlen. Tiere, die für die Zucht und für Ausstellungen verwendet werden sollen, sind um diese Zeit mit einem anerkannten geschlossenen Fußring zu versehen. Starkknochige Rassen sind schon mit etwa 8 Wochen zu beringen. Nur Tiere mit diesem Ring sind auf Ausstellungen zum Schönheitswettbewerb zugelassen und werden dort von Zuchtrichtern nach dem für diese Rasse gültigen Standard bewertet.

Bei Junghennen sollte während der Aufzuchtszeit so gefüttert werden, daß sie je nach Rasse erst mit $5^1/_2$ bis 6 Monaten zu legen beginnen. Frühbrut-Junghennen sollten in der Jugendperiode knapp im Futter gehalten werden. Der Eiweißanteil des Futters sollte bei gleichbleibender Mineralstoffmenge reduziert werden. Eine alte Erfahrung der Geflügelzüchter besagt, daß Fehler in der Junghennenaufzucht meist nicht durch zu knappe, sondern durch zu reichliche Fütterung gemacht werden. In ausreichend großen Jungtierausläufen mit gutem Grasbestand finden die Tiere selbständig sehr viel Futter, das ihre Entwicklung günstig beeinflußt. Erst dadurch reifen die Tiere so recht aus und sind den späteren großen Anforderungen dann besser gewachsen.

Das Federkleid wird im Leben mehrere Male gewechselt

Die schlüpfenden Küken sind von einem dichten Dunenkleid bedeckt. Die einzelne Daune besteht aus einer kurzen Spule, von der strahlenförmig ein Büschel feinster Äste ohne Häkchen ausgeht. Jeder Strahl bleibt frei und schließt sich nicht mit den anderen zu einer Fahne zusammen. Aus jeder Daunenwurzel wird im Alter eine Feder. Das Jugendgefieder beginnt beim Huhn mit den später längsten Federn, den Flügel- und Schwanzfedern sichtbar zu wer-

den. Schon beim Eintagsküken sind sie vorhanden, besonders bei sich schnell befiedernden Rassen. Der Befiederungsbeginn sich langsam befiedernder Rassen verspätet sich oft um eine Woche und mehr. Die Befiederung geht in einer festgelegten Reihenfolge von Zentren, Federfluren genannt, aus. In der zeitlichen Aufeinanderfolge befiedern sich nach dem Durchbruch der Schwung- und Steuerfedern zuerst die Schultern, dann die Brust, der Kopf und Nakken, die Flügeldecken und der Rücken. Alle restlichen Fluren sprießen dann fast gleichzeitig. Das Wachstumstempo kann bei den einzelnen Rassen stark variieren. Auch die Haltungsbedingungen, Fütterung und Licht wirken auf den Ablauf des Federwachstums ein. Grundsätzlich haben bei Hühnern die Befiederungszentren auf der Körperoberseite den Vorrang vor denen der Körperunterseite. Die Deck- und

Konturfedern des ersten Jugendgefieders sind schmaler, kürzer und farblich matter und oft auch von andersfarbigen Abschnitten durchsetzt. So tritt Weiß in den Schwingen brauner oder schwarzer Rassen auf sowie Braun im Brustgefieder, oft nur bei Hähnen. Es gibt Rassen, bei denen jedes Küken ein anderes Daunengefieder zeigt. Das setzt sich über das Jugendgefieder fort, und erst mit dem zweiten Federkleid sind die Tiere normal durchfärbt. Die ersten Federn sind gegenüber den nachfolgenden besonders in den Hand- und Armschwingen schmaler und spitzer.

Ein Küken verliert, bis es ein ausgewachsenes Huhn wird und die Geschlechtsreife erreicht bzw. zu legen beginnt, zweimal die Daunen und dreimal die Federn. Das macht sicher verständlich, daß neben dem Wachstum die Federentwicklung das Tier physisch stark beansprucht.

Hühner machen üblicherweise im Herbst ihre Vollmauser durch. In ihr wird das gesamte Gefieder erneuert. Obwohl, wie bei der Befiederung der Küken, die längsten Federn, die Schwung- und Schwanzfedern, die Mauser ein-

leiten, besteht bei dem Federwechsel der einzelnen Körperpartien keine feststehende Reihenfolge mehr. Im Abstand von 2 Wochen fällt eine Schwungfeder nach der anderen aus, und es dauert 6 Wochen, bis eine neue Feder herangewachsen ist. Im allgemeinen wird der Ausfall der 1. Handschwinge als Mauserbeginn bezeichnet. Das kleine oder Deckgefieder kann sich an den verschiedenen Körperbezirken nahezu gleichmäßig erneuern. Bei guten Legehennen verkürzt sich oft auf drastische Weise die Mauserzeit. Die Hennen verlieren plötzlich ihr gesamtes Federkleid. Infolgedessen wachsen selbst die großen Konturfedern fast gleichmäßig an Flügel und Bürzel nach, während sonst ein Abstand von 2 Wochen im Abwurf besteht.

Mit der Mauser geht eine Reihe von Veränderungen im Aussehen der Hühner einher. Am auffälligsten ist das Einschrumpfen von Kamm und Kehllappen, das auf dem Höhepunkt der Mauser die Tiere derart verändern kann, daß

sie ihren Gefährten als Fremde erscheinen und angegriffen werden. Auch das Verhalten ändert sich. Sonst lebhafte Tiere sitzen teilnahmslos, fröstelnd herum, sie sind empfindlicher und ziehen sich gern in geschützte Schlupfwinkel wie Gebüsche oder Stallecken zurück. Anscheinend nimmt die Empfindlichkeit gegenüber niedrigen Temperaturen, Wind, Stoß und Druck stark zu. An dieser Empfindlichkeit dürften neben der relativen Nacktheit durch den Federverlust die weichen Federkiele in erster Linie beteiligt sein. Bisher angriffslustige Hähne und auch Hennen weichen Auseinandersetzungen mit Ranghöheren aus. Sie sind aber trotzdem bemüht, ihre Rangstellung innerhalb der Gruppe durch stärkere Unterdrückung der Rangtieferen aufrechtzuerhalten. Die Hähne stellen das Umwerben der Hennen ein, sie hacken plötzlich nach ihnen und vertreiben sie vom Futter, was sie sonst nur unterlegenen Hähnen gegenüber getan haben. Keinesfalls sollte man derartige Erscheinungen als Krankheit werten und die Tiere schlachten.

Außer der im Herbst stattfindenden sogenannten Hauptmauser gibt es noch andere, kürzere, oft nur an bestimmte Fluren gebundene Teilmausern. Zu Teilmauserungen kommt es bei Junghühnern in Form der Halsmauser, die oft mit einer Legepause verbunden ist. Sie kann als Reaktion auf eine Überbelastung des jugendlichen, noch wachsenden Körpers gelten, meist bedingt durch Haltungs- und Fütterungsfehler, oder auf Veränderungen der Tageslän-

oben: legefreudige Henne
unten: mausernde oder kranke Henne

Huhn in der Mauser

150

gen zurückzuführen sein. Natürlich können Hennen auch durch andere Umstände so belastet werden, daß eine Halsmauser auftritt, wie z. B. bei extremen Witterungsbedingungen, Wasser- oder Futtermangel, Stallwechsel usw. Deshalb ist es wichtig, solche widrigen Belastungen zu vermeiden und den Tieren möglichst günstige Umweltbedingungen zu bieten. Sollte die Halsmauser trotz aller vorbeugenden Maßnahmen einmal auftreten, sind solche Tiere besonders gut zu füttern. Eiweißanteil sowie Gehalt an Vitaminen im Futter sind zu erhöhen, um das Körperwachstum und die Federbildung zu fördern. Die Entwicklung der Feder steht stark unter dem Einfluß von Hormonen, deren Bildung angeregt werden muß.

Werden in Beständen Schäden an der normalen Schalenbildung festgestellt oder werden die Eier sogar radikal aufgefressen, so erzwingen die Züchter Legepausen durch eine Zwangsmauser. Das ist ein Kunstgriff, durch den mit Hilfe krassen Futterwechsels, Wasserentzugs und Verkürzung der Tageslänge die Tiere zu einer Vollmauser gezwungen werden. Danach weist die Eischale eine höhere Bruchfestigkeit auf, und der Anteil an zähem Eiklar ist wieder höher. Eine Vollmauser ist eine Ruhepause für den Organismus. Vereinzelt gibt es Tiere, die bei guten Umweltbedingungen während der Hauptmauser im Herbst noch Eier legen. Dadurch erstreckt sich aber die Mauser oft über mehrere Monate.

Hühner untereinander und mit anderen Haustieren

Von allen Geflügelarten ist das Huhn am meisten Haustier geworden. Diese Sonderstellung verdankt es nicht allein seinen wirtschaftlichen Vorzügen als wichtigste Eigenschaften eines Haustieres, sondern auch seiner Anpassungsfähigkeit an alle bewohnbaren Klimazonen und nicht zuletzt der Anpassungsfähigkeit an die Umwelt des Menschen. Das Huhn ist in seinem Verhalten nur als Gemeinschaftswesen zu verstehen. Das Leben in einer Gemeinschaft bedeutet für den einzelnen Angehörigen größeren Schutz vor Bedrohung durch Gefahren und eine nicht unbeträchtliche Entlastung seiner eigenen Aufmerksamkeit (Engelmann 1984).

In einer Hühnerherde besteht eine feste Rang- bzw. Hackordnung, damit eine stabile Gemeinschaft bei der gemeinsamen Futtersuche herrscht. Fremde Hühner, die neu in den Auslauf bzw. Stall kommen, sind den »alteingesessenen« gegenüber im Nachteil. Die fremde

Umgebung macht die Hühner unsicher, und sie müssen erst ihre neue Rangstellung finden. Gewöhnlich reagieren die ranghöchsten Hennen der Herde sehr schnell und greifen die Neuen an, um ihren Rang in der Hühnerherde zu verteidigen. Ist die Neue im Kampf stark genug, so kann es in der Rangordnung der Tiere zu Verschiebungen kommen, das kann sogar so weit führen, daß die Neue Ranghöchste wird.

Hält man große Hühner und Zwerghühner zusammen in einem Stall, so entwickelt sich ebenfalls eine feste Rangordnung. Man sollte aber nicht denken, daß die Zwerge prinzipiell nur die rangtiefste Stellung einnehmen. Auch unter ihnen gibt es temperamentvolle kampfstarke Tiere, so daß manche große Henne mit einem rangtieferen Platz vorliebnehmen muß. In der Regel sind aber die Zwerge die Rangtiefsten. Es ist deshalb ratsam, für jede Rassegruppe eigene Stallungen zu schaffen, auch wenn sie vielleicht im Auslauf zusammen sind. Hier läuft dann jede Rassegruppe gemeinsam und voneinander getrennt, wenn genügend Platz ist. Werden im Winter zwei Herden in getrennten Stallungen gehalten, steht aber nur ein Auslauf zur Verfügung, setzen sofort harte Kämpfe der Hähne um den Ranghöchsten ein. Auf den Ruheplätzen im Auslauf herrscht ein gewisser Hausfrieden. Die Tiere sind dort in der Hauptsache mit Körperpflege, dem Ordnen des Gefieders beschäftigt, und sie achten auf den Nebenpartner nicht streng im Sinne der Rangordnung.

Als Beobachter gewinnt man den Eindruck, daß sich die Hühner in der Gemeinschaft wohl fühlen und sich im Vertrauen auf den Nebenpartner und die sichere soziale Rangposition gleichsam sorglos mit sich beschäftigen und alle Angst ablegen. In kleinen Gruppen können sich Hühner an einen bestimmten Sitzplatz gewöhnen, der ihnen von den übrigen auch überlassen wird. Auf den Sitzstangen halten Hühner keinen Abstand und sitzen besonders im Win-

geschlagen, so daß es unser Ziel sein muß, die Tiere vom Jugendalter an in ihrem Temperament aneinander zu gewöhnen und zu lernen, uns auch selbst in unserem Verhalten dem Temperament der Tiere anzupassen.

In den ersten Stunden bzw. Tagen ihres Lebens können Hühner auf das Zusammenleben z. B. mit Hunden und Katzen geprägt werden, vorausgesetzt, die Hunde und Katzen sind nicht als Geflügeljäger aufgewachsen. Sie fressen dann sogar aus einem Napf, und die Küken sitzen gelegentlich auf dem Haushund.

Im Garten laufen sie zusammen, als ob es Geschwister wären. Aber das sind nur Ausnahmen. Hühner sind aus hygienischen Gründen nicht in Wohnräumen zu halten wie andere Haustiere, sie werden niemals »stubenrein«.

ter dicht beieinander. Welchen Platz ein Huhn einnimmt, hängt von der Reaktion der Gefährten ab, ob Ranghöhere sie gewähren lassen, Untergeordnete abbeißen oder gar vertreiben oder allenfalls neben sich dulden.

Dem Zusammenleben der Tiere mit dem Menschen als ständigem Betreuer kommt eine besondere Bedeutung zu. Die natürliche Scheu, die alle wilden Geflügelarten vor dem Menschen haben, ist vom Hausgeflügel weitgehend abgelegt worden. Es gibt aber Rassen, die heute noch durch ihr Temperament oft scheu und schreckhaft sind. Diese werden von den ruhigen selbstbewußten Tieren oft in die Flucht

Untugenden des Huhnes

Das Eierfressen ist bei unseren Hühnern eine leider sehr oft beobachtete Unart, die, wenn die Initiatorin nicht rechtzeitig entdeckt und abgesondert wird, schnell Schule macht. Bald wird sie von mehreren oder allen Hennen kleinerer Bestände ausgeübt. Die Hennen vergreifen sich nicht nur an den eigenen Eiern, sondern fressen häufig auch solche anderer Hühner. Vielfach lernen sie es auf Ausstellungen, auf denen, durch die besonderen Verhältnisse bedingt, öfters mal ein Ei zerdrückt wird und sofort vom Tier selbst gefressen wird. Kalkmangel führt zu dünnschaligen Eiern und kann Eierfresser erziehen. Die wirksamste Bekämpfung dieser Untugend besteht im sofortigen Absondern des Tieres, das Eier frißt. Ich übersättige danach die Tiere mit sterilisierten Eierschalen und gebe dem Futter eine größere Menge an Mineralstoffen zu, selbst wenn das Futter dann nicht mehr so gern gefressen wird. Ein zu hohes Angebot an Mineralstoffen kann zu Stoffwechselschäden (Entmineralisierung der Knochen) führen. Ein Beschneiden der Schnäbel führt nur in seltenen Fällen zum Erfolg und ist nach meiner Meinung auch Tierquälerei. Findige Züchter haben für eierfressende Hennen ein Nest erfunden, aus dem das Ei sofort nach dem Legen nach außen abrollt. Solange die Henne beim Legegeschäft ist, bepickt sie ihr Ei noch nicht.

Das Federfressen tritt bei Küken und bei erwachsenen Tieren auf. Es kann sich in einem Bestand sehr schnell ausbreiten. Federfressen kann bei allen Rassen auftreten. Bei leichteren Rassen kommt es besonders häufig vor. Seine Ursachen sind noch ungeklärt und werden in Mängeln des Stallklimas, in Staubbelastung, Sauerstoffmangel u. a. vermutet.

Schurmann macht enge Stallhaltung, Spielerei und Nachahmungstrieb, Juckgefühl, hervorgerufen durch Federlinge oder Milben, sowie Mangel an Eiweiß dafür verantwortlich. Besonders die Federn am Hals, im Nacken und um den Schwanzbürzel sind gefährdet. Als Mittel

zur Eindämmung dieser Unart kann nur empfohlen werden, den Tieren reichlich Scharrmöglichkeiten und Abwechslung im Stall zu schaffen und die Fütterungstechnik umzustellen. Die Tiere mit Salben oder anderen schlecht schmeckenden Mitteln zu beschmieren hat sich nicht bewährt.

Kannibalismus tritt häufig bei Küken, seltener bei Hühnern auf. Er äußert sich beim Küken vorwiegend im gegenseitigen Zehen- und Afterpicken, das mit Blutverlusten verbunden ist. Die älteren Tiere picken einander meist die Kämme blutig. Wenn in einer Kükenherde ein Tier verletzt wird und Blut austritt, dann fallen alle anderen Küken über das Tier her, und es ist in kurzer Zeit tot. Abhilfe kann nur Beschäftigung sowie freier Auslauf auch in den Wintermonaten schaffen (vgl. Müller, H. 1985).

Das Glucken bzw. Brütigwerden der Hühner wird ebenfalls oft als Untugend bezeichnet, ist es aber nicht. Das Brütigwerden ist ein physiologischer Vorgang. Der Bruttrieb entwickelt sich durch eine fieberähnliche Erhöhung der Körpertemperatur, er dient der Erhaltung der Art. Er tritt bei verschiedenen Hennen oft häufiger auf als den Züchtern lieb ist.

Vorbereitung der Tiere zur Ausstellung

Um Erfolg bei Rassegeflügelschauen zu haben, genügt es nicht, schöne Tiere zu züchten. Sie müssen auch entsprechend vorbereitet werden, um sich auf den Ausstellungen in den Käfigen von ihrer besten Seite zu zeigen. Es kommt immer wieder vor, daß sich im Auslauf und im Stall hervorragend präsentierende Tiere die unmöglichsten Haltungen einnehmen, wenn man sie in Ausstellungskäfige bringt. Das ändert sich erst dann, nachdem sie sich einige Zeit an diese Käfige gewöhnt haben. Tiere direkt aus dem Stall zu nehmen und zur Ausstellung zu bringen wird noch viel zu oft praktiziert. In den meisten Fällen endet das mit einem Mißerfolg, insbesondere bei den von Natur aus scheuen Rassen. Diese Tiere zeigen sich dann während der wenigen Minuten, die dem Rich-

ter zur Bewertung zur Verfügung stehen, nicht von ihrer besten Seite und geraten gegenüber denen, die an den Käfig gewöhnt sind und sich in voller Schönheit präsentieren, ins Hintertreffen. Deshalb muß sich jeder Züchter zum Grundsatz machen, seinen Tierbestand zuerst im Auslauf möglichst zutraulich und zahm zu bekommen, und er muß die für die Ausstellung vorgesehenen Tiere rechtzeitig an den Ausstellungskäfig gewöhnen.

Vor der Ausstellung sollte man sich selbst darüber klar sein, ob das Tier es wert ist, auf einer Ausstellung gezeigt zu werden. Das setzt aber voraus, daß man den Standard genau kennt. Man bringt die für die Schau vorgesehenen Tiere in einen Käfig und begutachtet sie hier eingehend auf Vor- bzw. Nachteile in Form, Farbe, Zeichnung, Befiederung (möglichst völlig durchgemausert), Kopfpunkten usw. Dabei sollte man selbst sehr kritisch sein und alle Tiere herausnehmen, die einem selbst nicht ganz zusagen. Keiner sollte darauf hoffen, daß der Zuchtrichter den einen oder anderen kleinen Fehler des Tieres nicht sehen wird. Wichtig ist vor allem, daß der Züchter selbst die sogenannten Ausschlußfehler erkennt, denn diese vererben sich oft sehr hartnäckig und können eine gesamte Zucht zugrunde richten. In der Problematik Ausschlußfehler spielen Schönheit und Leistung, die zwei Grundanliegen der Rassegeflügelzucht, eine gleichberechtigte Rolle. So werden Fehler an unseren Tieren, die leistungsmindernd bzw. leistungshindernd wirken, ebenso geahndet wie alle Fehler, die der angestrebten Schönheit und Rassigkeit entgegenstehen. Gerade bei letzteren Kriterien aber gibt es bei schlechten Noten von unseren Züchtern nicht immer ungeteilte Zustimmung. Es wird dann von Fehlersucherei und Kleinigkeitskrämerei gesprochen. Zu Unrecht, denn Ausschlußfehler, fundamentale Fehler oder Mängel in der Rassigkeit werden nicht leichtfertig als solche deklariert, sondern wurden als die anerkannt, die sich oft dominant vererben und damit großen Schaden in einer Zucht anrichten können.

Zu den Ausschlußfehlern rechnet man alle körperlichen Mißbildungen oder auch Anzeichen innerer Krankheiten wie unrunde Pupille und Faulauge, das auf Mareksche Lähmung hindeuten kann. Kreuzschnabel, total seitlich verzogener Kopf, Buckelbildung, krummes Brustbein, Entenfüßigkeit und Flügellücke (hier fehlen zwischen Hand- und Armschwingen einige Federn) zählen zu groben körperlichen Mißbildungen.

Zum Ausschluß führen auch Fehler wie Doppel- bzw. Gabelzacken, Steckdorn, Wickelkamm oder für eine bestimmte Rasse gänzlich falsche Kammanlage, auch Auswüchse am Kamm, falsche Augenfarben, nicht für diese Rasse geforderte Ohrlappen oder Scheibenfarbe. Da kommen noch falsche Form, falsche Lauffarbe und grobe Fehler in der für die jeweiligen Rassen geforderten Farbe bzw. Zeichnung hinzu. Dem Grundsatz, daß ein Zuchttier einwandfrei sein muß, sollte großer Wert beigemessen werden.

Es versteht sich von selbst, daß man Fehler im eigenen Interesse nicht »retuschieren« sollte. Dazu zählt das Färben von Ohren, Augenrändern, sogar Federn oder Läufen, Verschneiden von Kämmen und Kehllappen (die Schnittwun-

den sieht man, sie haben keine natürliche Perlung mehr) oder Einleimen von Federn. Alles, was Richter und Besucher täuscht, sollte unterbleiben. Zeichnungsrassen, aber auch andere sollten vor der Ausstellung geputzt werden, denn geschicktes Putzen ist keine unerlaubte Handlung. Bei den gezeichneten Rassen dürfen zur Verbesserung des Gesamtbildes einige störende Federn kurz über der Federwurzel verschnitten werden, wenn dadurch keine kahlen Stellen entstehen. Das Putzen soll auch nicht so plump ausgeführt werden, daß man die Korrektur schon aus weiter Entfernung erkennen kann. Keinesfalls darf aus einer Feder etwas herausgeschnitten oder die Feder zur Hälfte verschnitten werden. Das zählt zu den unerlaubten Handlungen.

Von Parasiten befallene Tiere sind auf Ausstellungen nicht zugelassen. Wenngleich heute weit weniger Kalkbeine bei Hühnern als früher festzustellen sind, so sollte man dennoch sehr aufmerksam auf sie achten. Schon der geringste Anflug ist ein Warnsignal für die gesamte Zucht, denn dieser Parasit wird sehr schnell von Tier zu Tier übertragen. Noch viel zu oft werden Tiere, sogar hochrassige, zur Bewertung auf Ausstellungen vorgestellt, die mit Federlingen und Hühnerläusen übersät sind. Bei farbigen Tieren, die nicht gebadet werden müssen, ist zu kontrollieren, ob sich bei aller Sauberkeit nicht doch irgendwelche Schmarotzer eingestellt haben. Auf Ausstellungen können

Gabelzacke

Schmarotzer natürlich besonders leicht auf parasitenfreie Tiere übergehen. Die roten Milben in den Hauben der Haubenhühner werden sehr schnell von Tier zu Tier übertragen, besonders bei Rassen mit farbigen Hauben, die nicht gebadet werden müssen.

Feder mit Eipaketen von Federlingen

Eine Rassegeflügelausstellung ist ein Schönheitswettbewerb. Wie bereite ich meine Tiere, nachdem sie alle Vorbedingungen erfüllt haben und geputzt sind, für eine Ausstellung vor? Bei farbigen Tieren reicht oft eine Reinigung der Beine aus. Danach werden Beine und Kopfteile ganz leicht eingefettet. Hellfarbige, vor al-

lem reinweiße Tiere, müssen in den meisten Fällen gewaschen werden. Dazu gibt es heute eine Anzahl bewährter Waschmittel. Gegenüber der früher angewandten Seife haben sie den Vorteil, daß sie leicht aus dem Gefieder wieder herausgespült werden können. Zusammengeklebte Federpartien kommen jetzt deshalb kaum noch vor. Das Wasser für das Vollbad sollte handwarm sein. Man verwendet für das Baden 3 verschiedene Behälter: zum Einweichen (es dauert am längsten), zum Nachwaschen und zum Klarspülen. Damit sich die Tiere nach dem Bad nicht unterkühlen, muß für eine ausreichende Raumtemperatur gesorgt werden. Vorteilhaft ist es, die Tiere in sauberen Spankörben zu trocknen, die sich direkt an einer Wärmequelle oder noch besser über ihr befinden. Die warme Luft kann ungehindert zirkulieren und die Feuchtigkeit aufnehmen. Vor Temperaturen über 35°C ist zu warnen, zu große Hitze schadet.

Das Trocknen mit einem Fön ist möglich, will aber auch verstanden sein. Von hinten darf man die Federn nur dann aufblasen, wenn eine lockere Federung gewünscht wird. In solchen Fällen ist auch erst kurz vor der Ausstellung zu waschen, Tiere mit straffer Feder können schon einige Tage vorher gewaschen werden und sind dann so zu halten, daß sie sich nicht wieder beschmutzen. Während dieser Zeit kommen alle Federn wieder in ihre natürliche Lage. Wird der Fön zu nahe an die Feder gehalten, so ringelt sie sich bzw. schrumpft. Müssen schwarze, glanzreiche Tiere gebadet werden, so muß das etwa 14 Tage vor der Ausstellung geschehen. Nur dann hat man die Garantie, daß der Grünlack wieder voll vorhanden ist. Wer Züchter von Hühnern mit Hauben bzw. Bärten ist, muß noch einiges mehr beachten. Die richtige Wäsche der Hauben und Bärte ist besonders wichtig. Bärte werden eingeweicht, gewaschen und am besten geföhnt, damit sie sich recht aufbauschen. Dadurch werden sie besonders betont. Eine gewaschene Haube kann den Gesamteindruck des Huhnes wesentlich heben, bei falscher Wäsche aber auch gänzlich verderben. Die Fülle der Haube kommt meist erst durch die Wäsche so recht zur Geltung. Bei sonst sauberer Haltung ist die Ganzwäsche des Huhnes nicht unbedingt erforderlich, aber die Haubenwäsche ist unerläßlich. Dafür bereitet man alles so vor wie für eine Ganzwäsche. Das Huhn faßt man an den Bei-

dem Fön, wird sie erst nach dem Trocknen gebunden. Im anderen Falle ist die Haube sofort zu binden, sonst hängen die feuchten, schweren Federn rechts und links herunter, und es entsteht die verpönte Scheitelhaube, weil die Federn sich beim Trocknen nicht wieder aufrichten.

Erst vor dem Absenden der Hühner zur Ausstellung werden die Hauben aufgebunden. Und so wird eine Haube gebunden: Man schneidet von einer 3 cm breiten Mullbinde 10 cm ab und versieht die beiden Enden mit je 2 Fäden, die später zum Einbinden benötigt werden. Auch Lederbinden oder ein einfacher Klebestreifen reichen aus. Beim Binden faßt man mit der einen Hand die volle Haube von unten, so daß man sie in Kopfhautnähe erreicht, drückt sie zusammen und bindet sie fest. Ein leichtes Fetten der Fleischteile und Läufe betont die natürliche Farbe und wird von den Richtern gern gesehen.

nen, hält den Kopf nach unten und wäscht dabei die Haube. Der Schmutz muß erst abweichen, das dauert seine Zeit. Es sollte dabei immer nur in Richtung der Feder gestrichen werden, bis aller Schmutz abgeweicht ist. Niemals darf eine Haube beim Waschen hin und her gerubbelt werden, dann ist ihre Schönheit dahin. Besondere Vorsicht gilt den Augen, sie dürfen nicht vom Waschmittel naß werden. Es hat sich bewährt, wenn eine zweite Person den Kopf in Halsnähe umfaßt, um so die Augen vor dem Wasser zu schützen. Läuft das Wasser nach dem Spülen klar aus der Haube heraus, so ist die Wäsche bei bunten Hauben beendet. Bei Tieren mit weißen Hauben empfiehlt sich noch eine weitere Behandlung. Man nimmt dazu ein Gefäß mit Wasser und setzt ein wenig Wäscheblau – aber wirklich nur wenig – zu. Darin wird die Haube noch einige Zeit geschwenkt und dann mit einem Tuch etwas getrocknet. Es ist aber Vorsicht am Platze, denn dabei können leicht Federn gebrochen werden. Am besten hat sich bewährt, wenn die Haube nur ausgedrückt wird. Danach kann sie getrocknet werden, entweder mit dem Fön oder auch in einem Korb am Ofen. Trocknet man die Haube mit

Haubenbinde bei der Holländer-Weißhaube

Woran erkenne ich kranke Tiere?

Kranke Tiere weichen in ihrem Aussehen, ihrem Verhalten und ihrer Leistung von gesunden Tieren ab. Bei einer Hühnerhaltung mit Fallnestern ist es relativ einfach, kranke Tiere, auch Tiere mit oft verdeckten Krankheiten, herauszufinden, da sie sehr unregelmäßig oder über längere Zeit überhaupt nicht mehr legen. Daß eine Henne mal Pause macht, ist allerdings normal, aber wenn eine Henne in den legefreudigsten Monaten März bis Mai nur wenige Eier legt, dann ist bestimmt etwas nicht in Ordnung. Solche Tiere sollten geschlachtet werden.

Sind Fallnester nicht vorhanden, dann muß die Ausmerzung nach äußeren Kennzeichen vorgenommen werden. Man vergleicht Verhalten und Wesen der einzelnen Hühner des Bestandes untereinander, dabei kann man oft schon

stung sein. Hühner, die beim Füttern etwas abseits stehen oder nur langsam ans Futter kommen, und solche, deren Äußeres nicht befriedigt, werden eingefangen und überprüft. Mangelhaft ernährte und kranke Hennen, die immer schlechte Leistungen aufweisen, zeigen harte, trockene Hautbildungen und stark hervortretende Knochen. Vor allem ist der Kopf ein meist untrügliches Maß für Gesundheit, Lebenskraft und Leistungsfähigkeit der Hühner. Der Kopf guter Legehennen ist fein und trocken, die Gesichtshaut ist leuchtend rot, nur gering befiedert und schmiegt sich den Unebenheiten des Gesichtes innig an. Fleißige Legehennen besitzen einen gut entwickelten Kamm von leuchtend roter Farbe und ebenso gefärbte Kehllappen. Sie haben stark hervortretende lebhaft

Ein blindes Huhn findet auch ein Korn

oben: gesunde, leistungsfähige Henne
unten: leistungsuntüchtige Henne

Unterschiede feststellen. Auf Altersunterschiede ist Rücksicht zu nehmen. Je ausgeglichener die gesamte Hühnerherde sich dem Auge präsentiert, um so gleichmäßiger wird auch im allgemeinen ihre Gesundheit und Lei-

Augenfehler: unrunde Pupille

Die Tiere, die wegen Innen- oder Außenparasiten nicht zu hohen Legeleistungen kommen, sollten herausgefunden und entsprechend behandelt werden. Nicht selten sind Tiere durch Wurmbefall stark abgemagert. Besteht dieser Verdacht, so sollte man an eine in der Nähe liegende Veterinäreinrichtung Kotproben einschicken, um zu erfahren, um welche Würmer es sich handelt.

Besonders im Winter kommt es vor, daß die Hühner, weil sie Schnee gefressen haben, Durchfall bekommen und dann der gesamte Federkranz um den After verklebt und verkleistert ist. Sollte das vorkommen, so waschen Sie von Zeit zu Zeit die Tiere, eine ernste Erkrankung ist das nicht.

leuchtende Augen mit schmalem, feinem, dem Augapfel eng anliegendem Augenlid. Bei Althennen zeigt das Augenlid nach beendeter Mauser ebenso wie bei voll entwickelten Junghennen, die vor dem Legen stehen, eine gelbe Farbtönung. Bei fleißigen Legehennen schwindet diese starke Gelbfärbung allmählich.

Kranke Tiere haben meist glanzloses Gefieder. In vielen Fällen tritt Durchfall auf; enthält er Blut, kann auf innere Erkrankungen geschlossen werden. Vielfach kommen kranke Tiere morgens als letzte von den Sitzstangen und gehen abends als erste schlafen. Tagsüber sitzen sie herum und schlafen viel. Sie sind träge und suchen kaum Futter, deshalb sind die Krallen und der Schnabel nicht sehr abgenutzt. Oft führen kranke Tiere unkontrollierte Bewegungen aus, sitzen oder liegen in sonderbaren Stellungen und haben Krämpfe. Bei einigen Krankheiten treten Atembeschwerden auf.

Hühnerkrankheiten

Krankheitsanzeichen – Symptome – erkennen zu können ist die Grundlage für die Bekämpfung. Viele Krankheiten bzw. Mangelerscheinungen entstehen durch einseitige und nicht ausreichende Futterrezepturen bzw. werden dadurch begünstigt. Wenn Tiere ein verändertes Verhalten zeigen, das auf Erkrankung schließen läßt, ist es in jedem Fall erforderlich, einen Tierarzt zu konsultieren, der entweder sofort oder nach entsprechenden Untersuchungen helfen kann. Es sei denn, die Krankheit hat seuchenhaften Charakter, dann muß der gesamte Bestand ausgemerzt werden.

Nicht ansteckende Krankheiten
Mangel an Vitamin A
Mangel an Vitamin A schwächt die Widerstandskraft gegen Infektionen und ist auch für schlechte Schlupfquoten und schlechte Befruchtung mit verantwortlich. Krankheitserscheinungen sind: Wachstumsverzögerungen oder -stillstand im Alter von 3 bis 4 Wochen, Müdigkeit und Abmagerung, struppiges Gefieder. Es kommt zu einer Bindehautentzündung, bei Legehennen verbunden mit Nasen- und Augenausfluß sowie rapid abfallender Legeleistung.
Mangel an Vitamin-B-Komplex
Die Vitamine B sind für den Stoffwechsel wich-

161

tig. Mangelerscheinungen sind: struppiges Gefieder, Abmagerung, Hauterkrankungen, Nervenlähmungen, Appetitmangel sowie schleimig breiiger Kot.

Mangel an Vitamin D

Das Vitamin D bewirkt die Steuerung des Kalzium- und Phosphorstoffwechsels. Ein Mangel ruft bei Küken und Jungtieren Knochenweiche, oft mit Verdickung der Gelenke und Veränderungen des Skeletts hervor. Fehlendes Kalzium oder Phosphor kann durch Vitamin D nicht ersetzt werden, es fördert aber die Aufnahme aus dem Darm. Der alten Lehrmeinung, daß eine 5fache Überdosierung des Vitamins D_3 zur Hypercalcämie und zum Nachlassen der Befruchtung führt, widerspricht Grünner (zit. n. Hilbrich 1978). Er verfütterte 3 Monate lang 66 000 i. E. D_3 pro kg Futter ohne Beeinträchtigung und folgert, daß erst eine 100fache Überdosierung sich nachteilig auf den Schlupf auswirkt. Typische Mangelerkrankungen sind Rachitis und Osteomalazie. Rachitis ist eine Störung der Knochenbildung beim wachsenden Tier. Osteomalazie ist die Bezeichnung für Störungen bei der ständig ablaufenden Knochenumbildung beim erwachsenen Tier, zu erkennen an Freßunlust, Federpicken, Beinschwäche, Sitzen auf den Fersengelenken, O- und X-Beinen, Kreuzschnabel sowie Zehenverkrümmungen.

Küken mit Kreuzschnabel und verdickten Beinen

Mangel an Vitamin E

Als tpyische Mangelkrankheit gilt die Encephalomalazie bei Küken im Alter von 2 bis 3 Wochen. Müdigkeit, später Erregungszustand und nervöse Störungen, unmotivierte Bewegungen, auch Kopfverdrehungen sind Anzeichen dafür.

Dottersackverhalten

Beim normal geschlüpften Küken wird der Dottersack in den letzten Stunden der Bebrütung in die Bauchhöhle eingezogen und dient der Ernährung des Kükens in den ersten beiden Lebenstagen. Durch Brutfehler, wie zu hohe oder wiederholt auftretende und länger währende niedrige Bruttemperaturen, aber auch durch zu hohe oder zu geringe Luftfeuchtigkeit sowie durch bereits im Brutei erfolgte Infektion mit *Salmonella pullorum* oder durch Nabelinfektionen kann der Dottersackinhalt in eine für den Kükenorganismus nicht mehr aufnehmbare Form gebracht werden, wodurch die sogenannten Dottersackverhaltungen entstehen. Begünstigt werden Dottersackverhaltungen bei schwächlichen Tieren. Kräftige Eintagsküken können ohne Bedenken bereits am ersten Tage nach dem Schlupf gefüttert werden. Äußerlich erkennt man eine Dottersackverhaltung an Bauchauftreibung, Vorwölbung und Verkotung des Afters und offensichtlich schmerzhaftem Kotabsatz. Der Tod tritt gewöhnlich in den ersten Lebenstagen ein.

Nabelentzündungen

Die Nabelentzündungen entstehen durch verzögertes Verschorfen (Trocknen) des Nabels, an dem sich Einstreu- und Kotteilchen festsetzen, die zu einer ununterbrochenen Reizung des Gewebes führen. Durch den nicht vertrocknenden Nabel können die verschiedensten Krankheitserreger Eingang in die Blutbahn der Küken finden und Infektionskrankheiten hervorrufen. Nabelerkrankungen deuten immer auf Brutfehler hin.

Darmentzündungen

Unspezifische Darmentzündungen treten bei Küken bis zu einem Alter von 2 bis 3 Wochen häufig mit heftigen Durchfällen verbunden auf, ohne daß bei einer Untersuchung in den verendeten Tieren spezifische Krankheitserreger nachgewiesen werden können. Sehr häufig entsteht der Verdacht, daß es sich um die Pullorum-Seuche handelt. Das Krankheitsbild ist aber anders. Im Gegensatz zur Pullorum-Seuche machen nur einzelne Tiere einen müden

Lähmungserscheinung, Kopfverdrehung

Eindruck. Als krankheitsauslösende Ursachen kommen ausschließlich Erkältungen oder Fütterungsfehler in Betracht. Längere Transporte in unsachgemäßer Verpackung, kalte und zugige oder überbesetzte Ställe wirken sich krankheitsfördernd aus. Eine zu eiweißreiche Fütterung, wie sie gern zur Erzielung möglichst frühreifer Tiere angewandt wird, plötzlicher Futterwechsel, die Aufnahme von angesäuertem Weichfutter aus der Stalleinstreu oder die Verabreichung angesäuerter Magermilch führen ebenfalls zu Darmentzündungen. Es ist notwendig, in jedem Fall die Haltungs- und Fütterungsverhältnisse zu überprüfen, um Klarheit über die Ursache der Erkrankung zu schaffen.

Aspergillose

Damit wird eine Infektion der Lungen und Luftsäcke mit Schimmelpilzarten *(Aspergillus)* bezeichnet. Die Infektion kann sich in der gesamten Körperhöhle ausbreiten. Verschimmelte Einstreu und verschimmeltes Futter sind die Grundlage dafür, daß die Pilzsporen von den Tieren eingeatmet werden können. Infizierte Küken sind besonders wärmebedürftig, sehen struppig aus, sie atmen röchelnd und magern ab. Todesfälle sind häufig. Bei Legehennen nimmt die Erkrankung einen chronischen Verlauf (vgl. auch Konrad 1985).

Viruskrankheiten

Mareksche Hühnerlähme

Erstmals 1907 von Marek erkannt, ist sie eine in der Hauptsache bei Jungtieren auftretende Viruserkrankung, die in den letzten Jahren in zu-

nehmendem Maße auftritt. Von dieser Krankheit werden bevorzugt Jungtiere im Alter von 3 bis 8 Monaten befallen. Tiere aus hochgezüchteten Beständen sind anfälliger als die sogenannten Landhühner. Es zeichnen sich auch Unterschiede der Anfälligkeit innerhalb der Rassen und der einzelnen Zuchtlinien deutlich ab. Der Erreger ist ein Virus der Herpesgruppe B, der vor allem im Nervensystem, wie Gehirn, Rückenmark, Nervensubstanz, im Blut, aber auch im Darm festgestellt wurde. Die Übertragung der Seuche erfolgt sowohl durch die Eltern über das Brutei auf das Küken als auch durch das Zusammenleben von infizierten mit gesunden Jungtieren, die bis zu einem Alter von etwa 8 Wochen für Kontaktinfektionen empfänglich sind. Ebenso können Menschen mit der Verschleppung virushaltigen Kotes sowie Zecken durch Blutsaugen an infizierten Tieren zur Verbreitung der Seuche beitragen. Zwischen erfolgter Ansteckung und Ausbruch der Krankheit können einige Monate vergehen. Die Hauptinfektionsquelle bei der Einschleppung der Seuche sind offensichtlich zugekaufte Zuchttiere. Eigenartigerweise tritt diese Krankheit besonders bei gut genährten Jungtieren mit roten Kämmen auf. Im Kot und unter −5 °C bleibt das Virus nur wenige Tage lang, am längsten bei Temperaturen um 20 °C lebensfähig (Hilbrich 1978). Im Auslauf besteht keine Ansteckungsgefahr mehr, wenn er 4 Monate lang von Hühnern nicht benutzt wurde.

Die ersten Krankheitszeichen sind im allgemeinen unsicherer Stand, ungeordnete Bewegungen beim Gang, Beinschwäche, verkrallte Zehen, Hinken und sogar Umfallen während des Laufens. Später nehmen die Tiere oft eine Känguruh- oder Hockstellung ein, indem sie den ganzen unbefiederten Lauf bis zum Fersengelenk aufsetzen und sich beim Fortbewegen auf die Flügel stützen. Mit fortgeschrittener Krankheit liegen die Tiere auf dem Brustbein oder auf einer Seite und strecken das eine Bein weit nach vorn, das andere oft dagegen nach hinten. Dazu kommt Freßunlust, Abmagerung und Durchfall sowie die typische Augenveränderung an der Pupille. Soweit sollte man es nicht erst kommen lassen, sondern diese Tiere so früh als möglich schlachten. Vorbeugend können die Küken vom 1. bis 3. Lebenstag geimpft werden. Der Zustand der Augen ist bei allen sich bietenden Gelegenheiten, bei den täglichen Fallnestkontrollen, den jährlich durchzu-

163

führenden Schutzimpfungen sowie bei Blutuntersuchungen sorgfältig zu kontrollieren. Tiere mit Augenveränderungen sollten sofort ausgemerzt werden. Es ist eine alte Erfahrung, daß die Nachzucht von zwei- und mehrjährigen Hennen von der Krankheit weniger stark befallen wird als die von Junghennen, da solche Tiere schon allein durch ihre Langlebigkeit, gepaart mit guter Legeleistung, den Nachweis erbracht haben, daß sie konditionsstark und gesund sind. Damit soll keineswegs die Zucht mit Junghennen abgelehnt werden, aber in verseuchten Zuchten sollte man sich entschließen, nur zwei- oder mehrjährige Hennen zur Zucht zu benutzen.

Leukose

Ähnlich der Marekschen Hühnerlähme nimmt auch die Leukose mit fortschreitender Intensivierung der Hühnerhaltung an Bedeutung zu. Sie tritt hauptsächlich bei Junghennen, vorzugsweise beim Eintritt in das Legereifealter auf. Vereinzelt bricht sie auch erst nach der ersten oder zweiten Vollmauser aus. Die Leukose ist eine Viruskrankheit mit tumorartigen Wucherungen des blutbildenden Gewebes. Die Vi-

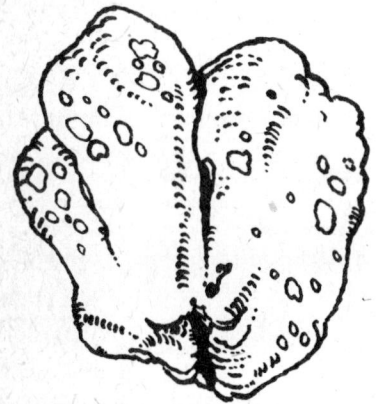

durch Leukose stark vergrößerte Leber

ren werden mit dem Nasensekret, dem Kot und über das Ei ausgeschieden. Man unterscheidet eine vertikale Übertragung vom Elterntier auf das Küken und eine horizontale Übertragung von Tier zu Tier. Hennen scheinen im allgemeinen stärker befallen zu werden als Hähne. Es gibt Tiere, die das Virus produzieren und ausscheiden, aber keine Antikörper gegen die Leukoseviren bilden. Diese Tiere sind die gefährlichsten Krankheitsüberträger. Allerdings haben sie meist nur eine kurze Lebenserwartung.

Bei Erkrankungen ist es wichtig, die Abstammung der verendeten Tiere festzustellen, um eventuell anfällige Blutlinien herauszufinden. Solche Linien sind von der Zucht auszuschließen. Die Ausbreitung der infektiösen Leukose in einem Bestand geschieht in der Hauptsache durch das Zusammenleben erkrankter mit gesunden Tieren. Eine besondere Bedeutung kommt der Stall- und Auslaufhygiene zu.

Das Krankheitsbild ist recht unterschiedlich. Manche Tiere zeigen Abmagerung, Lahmheit, Verblassen der Kämme und Kehllappen, Mangel an Freßlust. Sie hocken viel am Boden oder in den Ecken. Es gibt aber auch Tiere, die nicht abmagern, sondern verfetten. Auch weiße Köpfe können auftreten. Beim Öffnen eines toten Tieres fällt als Krankheitsbild sofort die stark vergrößerte Leber auf, die mitunter die anderen Organe völlig verdecken kann. Nach Entfernung der erkrankten Organe können noch nicht abgemagerte Tiere ohne Schaden für die menschliche Ernährung verwendet werden. Eine Behandlung erkrankter Tiere ist zwecklos, sie müssen geschlachtet werden. Wer einseitige Fütterung, Vitamin- und Mineralstoffmangel, ungesunde Ställe und unergiebige Ausläufe vermeidet, wird Leukosefälle in Grenzen halten können. Diese Krankheit ist oft latent über viele Generationen in den Zuchten vorhanden, ohne daß sie ausbricht.

Atypische Geflügelpest, Newcastle-Krankheit

Die sogenannte »klassische« Geflügelpest spielt heute keine Rolle mehr. Die Atypische Geflügelpest ist auch als Asiatische Geflügelpest bekannt und in der ganzen Welt verbreitet. Der Erreger ist ein Virus, der mit Augen- und Nasensekret sowie mit dem Kot kranker Tiere 2 bis 3 Wochen lang ausgeschieden wird. Alle Gegenstände, mit denen infizierte Tiere in Berührung kommen, können nun Überträger werden. Eine besondere Rolle spielt der Mensch als Zwischenträger, der mit Arbeitskleidung und Schuhwerk die Seuche verbreiten kann. Gegenüber Kälte sind die Krankheitserreger relativ unempfindlich. In dem bei −20 °C tief gekühlten Schlachtgeflügel kann der Erreger etwa 1 Jahr lang ansteckungsfähig bleiben (Grasenack 1981). Deshalb ist tief gekühltes Geflügel immer kritisch zu betrachten, und alle Reste sind zu vernichten. Werden Hunde oder Katzen mit infiziertem Geflügel oder Schlachtabfällen gefüttert, scheiden sie, ohne selbst zu erkranken, den Erreger etwa 3 Tage lang aus und können dadurch Hühner infizieren. Die Krankheitserscheinungen sind bei der akuten Form: Benommenheit, Müdigkeit, Atembeschwerden, Schnabelatmung verbunden mit Nasenausfluß, die Tiere sind lichtscheu, oft sind dazu die Kämme blaurot. In der letzten Zeit kam es immer mehr zu einem Krankheitsverlauf, der nur noch wenig Ähnlichkeit mit der akuten Form hat. Erste Anzeichen sind mangelnde Futteraufnahme verbunden mit Legeleistungsabfall und Erzeugung oft nur schalenloser Eier. Als Spätfolge können nervöse Symptome auftreten. Eine Behandlung ist nicht möglich. Die Seuche ist meldepflichtig. Bei Ausbruch werden strenge Quarantänemaßnahmen festgelegt. Als Prophylaxe werden zur Zeit zweimalige Impfungen im Abstand von etwa 3 Wochen durchgeführt.

Geflügelpocken

Die Erreger der Geflügelpocken sind Viren, von denen je nach Geflügelart jeweils spezifische Typen unterschieden werden. Eine Infektion ist nur über Haut- bzw. Schleimhautverletzungen möglich. Zwischenträger sind Mensch, Insekten und Ungeziefer. Es treten zwei verschiedene Verlaufsformen auf: die Haut- und die Schleimhautform.

Die Hautform führt besonders zu Pockenbildung am Kamm, an Augenlidern, im Nasenbereich, an den Kehllappen, Ohrscheiben, kann aber auch an allen anderen äußeren Teilen, so

oder Luftröhre. Als erstes bemerkt man kleine, weißgelbliche Flecken, die sehr schnell größer werden und schließlich käsige Auflagen bilden. Sie können nur schwer abgelöst werden. Es kommt durch das rasche Wachstum zu erschwerter Atmung, die zum Erstickungstod führen kann. Bei Rückgang der Futteraufnahme, Leistungsabfall und Abmagerung kann Verdacht auf eine Pockenerkrankung bestehen.

Bakterielle Krankheiten

Pullorumkrankheit

Sie wird hervorgerufen durch *Salmonella pullorum gallinarum* und wird auch weiße Kükenruhr genannt. Sie ist eine der gefährlichsten Aufzuchtkrankheiten des Huhnes. Ihr fallen jährlich zahlreiche Küken zum Opfer. Wenn sie auch in den letzten Jahren dank planmäßiger Bekämpfungsmaßnahmen seltener auftritt, so darf das keineswegs zu ihrer Unterschätzung führen. Die Hauptinfektionsquelle ist das infizierte Brutei. Bei latent erkrankten erwachsenen Tieren lokalisieren sich die Krankheitserreger vornehmlich im Eierstock. Sie gelangen mit den Dotterkugeln in das Ei. Mit Bebrütung des Eies findet eine starke Vermehrung der Krankheitserreger und eine Infektion des sich entwickelnden Embryos statt. Die Embryos sterben ab, oder es kommt zum Schlupf infizierter Küken, die wiederum für ihre gesund geschlüpften Stallgefährten eine Infektionsquelle dar-

gar an Ständern vorkommen. Die Pocken zeigen sich als perlmutterartige glänzende Knötchen, die kirschkern- bis kirschengroß werden können. Nach einigen Wochen fallen diese Pocken von selbst ab.

Die Schleimhautform führt zur Bildung von Belägen auf der Schleimhaut im Bereich des Kopfes, in Schnabelhöhle, Nasenhöhle, Kehlkopf

Blutentnahme zur Untersuchung auf Pullorum-Erkrankung

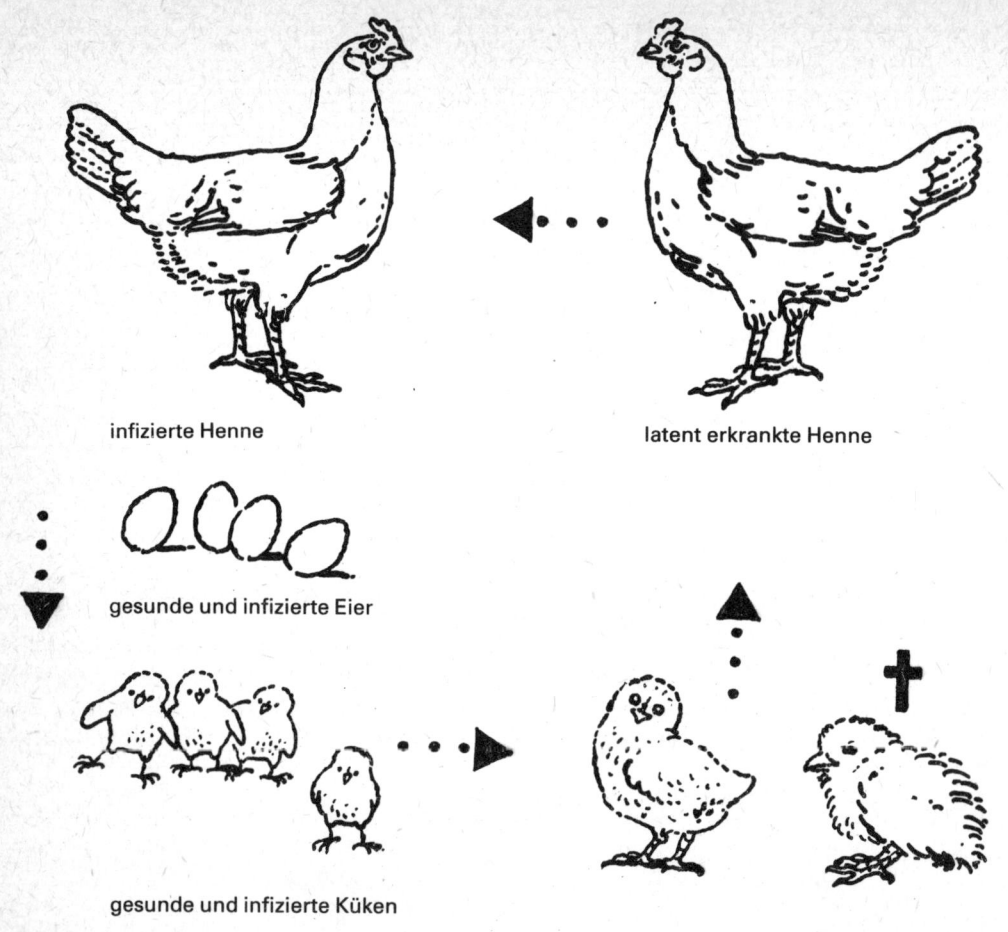

infizierte Henne

latent erkrankte Henne

gesunde und infizierte Eier

gesunde und infizierte Küken

Ansteckung der Pullorum-Seuche

gesundes Küken   infiziertes Küken

stellen, da sie die Krankheitserreger in großen Mengen mit dem Kot ausscheiden. Die gesunden Küken infizieren sich beim Scharren und Fressen. Ein Teil der infizierten Küken überlebt, besonders bei optimaler Fütterung und Wärme. Die Tierchen gefährden die Zucht am meisten, denn sie bleiben zeit ihres Lebens *Salmonella*-Träger, durch sie wird die Seuche von Generation zu Generation verschleppt. Es können auch schon im Brutei infizierte Tiere während des Schlupfes durch von den Ventilatoren des Brutapparates aufgewirbelten infizierten Staub zur Quelle der Ansteckung werden. Deshalb ist es Lohnbrütereien verboten, Eier aus nicht auf *Salmonella pullorum* untersuchten Beständen zur Brut anzunehmen. Das Attest bzw. eine beglaubigte Abschrift muß vor der Einlage in jedem Falle vorliegen. Eine Übertra-

gung der Seuche kann auch durch infizierte Hähne, wenn die Krankheitserreger in deren Hoden vorkommen, beim Tretakt stattfinden. Eine Kontaktinfektion bei erwachsenen Hühnern ist zwar möglich, aber selten. Auch eine Übertragung durch Mensch und Fliegen ist möglich.
Die Küken erkranken in den ersten 4 bis 7 Lebenstagen, wenn eine Eiinfektion vorlag. Die Tiere, die erst durch das Zusammenleben mit infiziert geschlüpften Küken angesteckt worden sind, erkranken meistens erst nach 2 Wochen sichtbar. Die Inkubationszeit beträgt 3 bis 5 Tage. Es sei aber bemerkt, daß unter infizierten, doch kräftigen Küken bei guter Pflege die Verluste sehr gering sein können. Schlechte Pflege und schlechte Fütterung haben immer ein Massensterben zur Folge. Infizierte Küken zeigen allgemeine Schwäche, verringerte Fut-

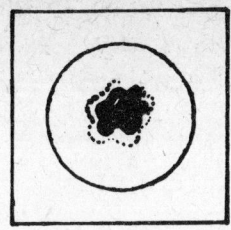

1 Tropfen Blut
1 Tropfen Serum

verrührt wolkig = positiv

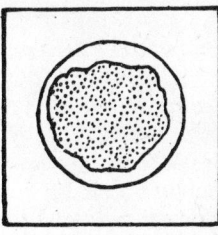

verrührt milchig = negativ

Blutuntersuchung und das konsequente Ausmerzen befallener Tiere ist eine Tilgung der Seuche unmöglich. Trotz sorgfältiger Durchführung der einmaligen Blutuntersuchung werden aber nicht alle Keimträger erfaßt. Deshalb kommt auch der Säuberung und Desinfektion des Brutapparates eine besondere Bedeutung zu.

an Pullorum erkranktes Küken

teraufnahme, ein struppiges Gefieder, hängende Flügel, und sie sitzen vorwiegend nur unter der Wärmequelle. Die Kloake ist oft infolge des Durchfalls verklebt und weiß überzogen. Dieser Überzug ist jedoch für die Seuche nicht in jedem Fall typisch und kann fehlen. Nach ein- bis dreitägiger Krankheitsdauer tritt gewöhnlich der Tod ein. Oft fehlt auch Durchfall, und die Tiere zeigen nur mit emporgehobenem Schnabel nach Luft ringend eine hochgradige Atemnot. Wegen der unterschiedlichen Krankheitsbilder, die die Pullorum-Seuche zeigen kann, empfiehlt es sich immer dann, wenn in den ersten Lebenswochen der Küken größere Verluste auftreten, einige der verendeten Tiere zur Feststellung der Todesursache an eine zuständige Veterinäreinrichtung einzuschicken. Die wirkungsvollste Bekämpfungsmaßnahme stellt zweifellos die alljährlich konsequent in allen Zuchten durchzuführende Blutuntersuchung dar. Sie verfolgt den Zweck, erkrankte Tiere zu erkennen und auszumerzen. Dadurch verliert die Hauptinfektionsquelle, das infizierte Brutei, an Bedeutung. Ohne diese

Ansteckender Schnupfen
Der Geflügelschnupfen ist eine Erkrankung der oberen Atemwege, die durch Nasenausfluß und Schwellungen im Nasen-Augen-Bereich gekennzeichnet ist. Er wurde bisher nur bei Hühnern festgestellt. Die Einschleppung in einen Bestand erfolgt durch den Kontakt zwischen erkrankten mit gesunden Tieren, aber auch durch Personen. Besondere Vorsicht ist auf Geflügelausstellungen notwendig, da dort Tiere aus verschiedenen Herkünften nebeneinander stehen. Die Inkubationszeit beträgt 1 bis 5 Tage. Optimale Haltungsbedingungen, vor allem vitaminreiches Futter und einwandfreies Stallklima sind notwendig, um der Infektion vorzubeugen.

Geflügeltuberkulose
Bei unsachgemäßer Haltung und Fütterung kann die Geflügeltuberkulose seuchenhaften Charakter annehmen. Sie hat in der Regel einen schleichenden Verlauf. Zunächst fallen Schwäche, Abmagerung und Kammblässe der erkrankten Hühner auf. Die Tiere lassen mitunter auch die Flügel hängen und scheiden oft einen

sehr übelriechenden Kot aus. Schwerkranke Hühner hocken vollkommen abgemagert teilnahmslos da. Beim geschlachteten Tier werden meist Wucherungen an Leber, Milz, Därmen und Knochen, seltener an Lungen und Nieren festgestellt. Eine Behandlung erkrankter Tiere gibt es nicht. Alle Tiere, bei denen Tuberkulose festgestellt wurde, müssen sofort geschlachtet werden. Handelt es sich um einen wertvollen Zuchtbestand, so können durch den Tierarzt laufend Tuberkulinproben gemacht werden, um die positiv reagierenden Tiere herauszufinden. In Beständen, wo diese Krankheit aufgetreten ist, sollten über einige Monate die Tiere intensiv, also im Stall gehalten werden. So ist eine bessere Desinfektion des Stalles und auch des Auslaufes möglich.

Die Geflügeltuberkulose ist für Mensch und Rind kaum kontagiös und die Infektionsgefahr für den Menschen, verglichen mit der Rindertuberkulose, nur unbedeutend (Hilbrich 1978). Wichtig ist, daß der Tierhalter die Hygieneaufsicht einschaltet und sich von ihr beraten läßt.

Geflügelcholera

Sie kann alle Geflügelarten, aber besonders leicht Wassergeflügel befallen. Der Erreger, *Pasteurella multocida,* wird durch Vogelmilben, Vögel oder Mäuse oder durch zugekaufte Tiere in die Tierbestände eingeschleppt. Krankheitssymptome sind Fieber, Mattigkeit, Freßunlust und übelriechender Durchfall. Der Tod tritt häufig ein, obwohl vorher keine Krankheitsanzeichen zu erkennen waren. Der chronische Verlauf zeigt wenig charakteristische Krankheitserscheinungen. Die Krankheit ist nur durch eine spezielle bakterielle Untersuchung nachzuweisen, deshalb ist in jedem Fall ein Tierarzt zu informieren (vgl. Grasenack 1981).

Parasitäre Krankheiten

Rote Kükenruhr

Die Kokzidiose (rote Kükenruhr) verursacht heute die meisten Kükenverluste. Die Erreger, die Kokzidien, sind Protozoen von runder bis eiförmiger Gestalt, von denen mehrere Arten beim Huhn bekannt sind. Es werden zwei Krankheitsformen unterschieden: die Blinddarmkokzidiose bei Küken im Alter von etwa 2 bis 5 Wochen und die Dünndarmkokzidiose bei Küken bzw. Jungtieren im Alter von etwa 6 bis 10 Wochen. Die Blinddarmkokzidiose führt meist schon einige Tage nach Ausbruch der Krankheit zu zahlreichen Todesfällen. Zu sichtbaren Krankheitserscheinungen kommt es nur, wenn die Tiere durch Fütterungs- und Haltungsfehler in ihrer Widerstandskraft geschwächt sind. Die meisten Infektionen sind auf kokzidienverseuchte Ausläufe oder auf aus anderen Beständen bezogene Kokzidienträger zurückzuführen. Die Entwicklung der Kokzidien verläuft in drei Abschnitten, wobei zwei in den Zellen des Darmes (endogene Phase) und eine im Freien (exogene Phase) stattfinden. Aus den mit dem Kot ausgeschiedenen sogenannten Oozysten entwickeln sich bei Wärme, Feuchtigkeit und Luftsauerstoff Sporen. Die Entwicklung bei einer Temperatur von 17 bis 30°C im Freien ist in 12 bis 48 Stunden abgeschlossen. Die Sporen werden vom Huhn wieder aufgenommen, ihre Schale wird durch die Verdauungssäfte aufgelöst, und die Sporozoiten werden frei. Sie bohren sich in die Darmwandschleimhaut ein, teilen sich und befallen neue Schleimhautzellen. Anschließend kommt es zur geschlechtlichen Vermehrung. Der Mikrogamet und der Makrogamet vereinigen sich zur Oozyste im Darm, 1000 bis 10000 neue Oozysten werden gebildet (Grasenack 1981).

Am häufigsten werden die Kokzidien durch infiziertes Futter oder Tränkwasser sowie durch das Aufpicken verseuchten Kotes aus der Einstreu oder dem Auslauf übertragen. Die Ansteckungsgefahr wird durch die Haltung größerer Mengen Küken auf engem Raum erhöht.

Henne mit zurückentwickeltem Kamm

Vitamin- und mineralstoffarme Fütterung und ungesunde Haltungsbedingungen können eine Massenvermehrung der Kokzidien auslösen. Die ersten unspezifischen Anzeichen der Erkrankung werden häufig übersehen. Die Küken werden träge, sie fressen nur wenige Minuten und halten sich dann untätig im Stall auf. Häufig sammelt sich eine größere Anzahl von Tieren in einer Stallecke und zeigt auch während der Fütterungszeiten nur wenig Freßlust. Bald danach stellt sich ein auffallendes Abspreizen der Nackenfedern ein, und nun dauert es meist nicht mehr lange, bis die ganze Herde einen offensichtlich kranken Eindruck macht. In diesem fortgeschrittenen Stadium ist ohne medikamentöse Behandlung nichts mehr zu machen. In der weiteren Entwicklung der Erkrankung drängen sich die Küken unter den Heizquellen zusammen, haben ein struppiges und oft verschmutztes Gefieder und lassen die Flügel hängen. Sie sondern einen senfartigen bis rotdurchzogenen Kot ab, der je nach dem Gehalt an Blut sogar vollständig braun bis rot gefärbt sein kann. Von jetzt an verweigern sie sehr oft jegliches Futter. Weniger schwer erkrankte Tiere nehmen noch bevorzugt Körnerfutter auf. Bedingt durch die schweren Entzündungen des Darmes können die Krankheitserreger in die Blutbahn eindringen und das Krankheitsbild komplizieren. Es stellen sich Gleichgewichtsstörungen und Lähmungserscheinungen ein.

Der Tod tritt meistens nach 2 bis 4 Tagen ein. Mit zunehmendem Alter werden die Tiere widerstandsfähiger. Wichtig für die Bekämpfung sind Vorbeugemaßnahmen. Ausläufe, die für die Aufzucht vorgesehen sind, sollten nicht vorher von Alttieren belaufen werden. Auf alle Fälle sollten vor Beginn der Aufzucht die Futterplätze in Stallnähe umgegraben und mit frischer Erde oder Sand überzogen werden. Eine Desinfektion des gesamten Auslaufes ist sehr schwierig und oft unmöglich. Dort, wo es die Verhältnisse gestatten, ist deshalb die Anlage von Wechselausläufen oder die Aufzucht in beweglichen Aufzuchtstallungen, die nach Belieben versetzt werden können, zu empfehlen. Vor allem aber ist vor einer Überbesetzung der Aufzuchtstallungen zu warnen, da hierdurch die natürliche Widerstandskraft der Küken geschwächt und die schnelle Ausbreitung von Krankheiten gefördert wird.

Wurmbefall

Wurmerkrankungen treten besonders in kleinen engen Haltungen gehäuft auf. Würmer führen, je nach Art, wenn sie verstärkt auftreten, bei Jungtieren häufig zu Todesfällen und bei Legehennnen zu einer merkbaren Leistungsminderung. In feuchten Jahren ist die Gefahr eines Befalls größer, da die meisten Würmer und ihre Zwischenwirte zu ihrer Entwicklung außer bestimmten Temperaturen auch bestimmte Feuchtigkeitsgrade des Bodens und

gesundes Küken

krankes, gleichaltriges Küken

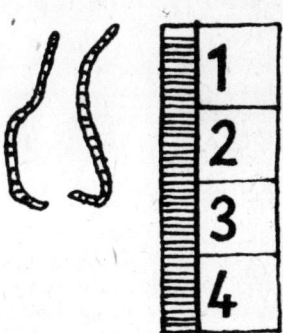

Haarwürmer, 1 bis 3 cm lang

der Einstreu benötigen. Allen Wassertümpeln und Schlammecken im Auslauf und einer feuchten Einstreu ist deshalb der Kampf anzusagen.
Würmer sind Schmarotzer, die auf Kosten des Tieres in dessen Darm, Magen, Schlund, Kropf oder sogar Luftröhre leben. Sie entziehen dem

169

Tier Nährstoffe und schädigen es durch Verletzungen der Schleimhäute, durch die wiederum andere Krankheitserreger in den Organismus eindringen können. Jeder noch so geringe Wurmbefall stellt eine Belastung für das Tier dar. Von den zahlreichen Wurmarten, die im Huhn schmarotzen und die Darminnenwand schädigen, interessieren besonders die Spulwürmer, Pfriemenschwänze, Haarwürmer, Luftröhrenwürmer und Bandwürmer. Einige Entwicklungsstufen werden bei starker Sonneneinwirkung oder auch Frost abgetötet. Nur die Stadien im Zwischenwirt bleiben ansteckungsfähig.

Die Spulwürmer (Askariden), etwa 6 bis 8 cm lang, siedeln sich vorwiegend im Dünndarm an. Die Pfriemenschwänze (Heterakiden) sind wesentlich kleiner und schmarotzen als 0,5 bis 1,5 cm große Würmer meist in den Blinddärmen, wobei sie die Blinddarmspitzen bevorzugen und dadurch besonders schwierig zu bekämpfen sind. Haarwürmer (Capillarien) treten bei Jungtieren häufig auf. Es sind sehr feine, haarförmige dünne Parasiten von etwa 1 bis 3 cm Länge. Zu ihrer Entwicklung benötigen sie Zwischenwirte, wie Regenwürmer und Insekten.

Der Luftröhrenwurm *(Syngamus trachea)* wird als rotgefärbter Wurm im Bereich der Luftröhren festgestellt und lebt dort vorwiegend vom Blut des Tieres, deshalb auch die rote Färbung. Die Wurmeier werden ausgehustet oder abgeschluckt und gelangen durch den Darm ins Freie. Dort vollenden sie innerhalb einer bis sieben Wochen je nach Feuchtigkeit und Wärme ihre Embryonalentwicklung. Die infektionstüchtigen Larven können entweder direkt oder mit Regenwürmern, Schnecken und Insekten vom Huhn aufgenommen werden. In den Zwischenträgern können die sich dort abkapselnden Larven über drei Jahre infektionsfähig bleiben. Das zeigt, wie schwierig die Bekämpfung ist. Bei starkem Befall sind sie leicht festzustellen, wenn man den Kehlkopf etwas hochdrückt und dadurch Einblick in die *Trachea* erhält.

Von den zahlreichen Bandwurmarten (Cestoden), die das Geflügel befallen, sind zwei besonders verbreitet: der kleine Hühnerbandwurm *(Davainea proglottina)*, 1 bis 3 mm, und *Amoebotainia sphenoides*, 1 bis 4 mm lang. Sie sind also so klein, daß sie mit bloßem Auge im Darmschleim kaum zu erkennen sind. Die großen Bandwurmarten *(Choanotaenia infunde-*

bulum, Raileetina desticillus, Hymenolepis carioca) erreichen Längen von 10 cm und mehr. Alle uns bekannten Geflügelbandwürmer parasitieren im Dünndarm. Die mit Häkchen und Saugnäpfen ausgestatteten Köpfe haften sehr fest an der Darmschleimhaut. Die reifen, mit Eiern ausgefüllten Bandwurmglieder gelangen mit dem Kot nach außen. Die reifen Glieder oder die daraus frei werdenden Eier werden von Zwischenwirten aufgenommen und wachsen in ihnen zu Finnen heran. Zwischenwirte sind Regenwürmer, Fliegen, Ameisen, Käfer oder Schnecken. In einer Schnecke können sich beispielsweise bis zu 15 000 Finnen entwickeln (Hilbrich 1978).

Bei Verdacht auf Würmer sollte unbedingt täglich der Nachtkot so früh als möglich aus dem Stall entfernt werden oder in Kotkisten oder Gruben aufgefangen werden, so daß die Tiere nicht mit ihm in Berührung kommen. Der Boden an den Futterplätzen und um die Stallungen ist vor Verkotung zu schützen, stets sauberzuhalten und von Zeit zu Zeit zu erneuern. Gut hat sich hierbei eine wiederholte Sandauflage oder die Befestigung mit Betonplatten bewährt. Besonders bei Durchfall verbunden mit Abmagerung bzw. geringer Gewichtszunahme und allgemeiner Schwäche lasse man vorbeu-

gend den Kot untersuchen. Vorwiegend werden die Tiere im Alter von 5 bis 10 Monaten von Würmern stark befallen.

Rote Vogelmilbe

Ein gefährlicher Schmarotzer ist die Rote Vogelmilbe *(Dermanyssus gallinae)*, auch Blutmilbe genannt. Alle Geflügelarten können von diesem Schmarotzer befallen werden. Sie wird bis etwa 0,6 mm lang. Hat sie sich mit Blut vollgesogen, so sieht sie dunkelrot aus. Sonst hat sie eine blaßgraue Farbe. Die Milben befallen die Tiere hauptsächlich nachts. Am Tage halten sie sich in Fugen und Ritzen des Stalles auf. Dort legen sie auch ihre Eier ab. In jeder Woche entsteht bei günstigen Temperaturen eine neue Generation. Bei Temperaturen unter 9 °C können sie sich nicht mehr vermehren. Die Milben können aber in leeren Ställen auch ohne Nahrungsaufnahme überwintern. Bei Temperaturen von 18 bis 20 °C schlüpfen die Larven schon nach 2 Tagen. Darum treten sie in den Sommermonaten besonders zahlreich auf. Sie schädigen die Tiere durch Blutsaugen, und sie können sogar Todesfälle verursachen. Erwachsene Milben können 5 Monate ohne Nahrung lebensfähig bleiben. Sie werden vorwiegend durch Wildvögel in die Bestände eingeschleppt und verbreitet, aber auch durch zugekaufte Tiere. Einzelne Milben verbleiben auch tagsüber am Tier, vor allem bei starkem Befall. Besonders starker Befall wird oft in kleinen Aufzuchthütten festgestellt, in denen eine gleichmäßige Wärme herrscht. Mit diesen Schmarotzern hat fast jeder Hühnerhalter den Kampf aufzunehmen. Leider werden die Milben oft erst zu spät erkannt, denn trotz laufender normaler Reinigung finden sie noch Verstecke in Ritzen, in denen sie sich ungestört vermehren können. Der Handel bietet zur Bekämpfung flüssige Präparate an, die man in alle Stallritzen sprühen kann. Wenn Tiere stark von Milben geplagt werden, haben sie eine sehr blasse oder leicht gelbliche Hautfarbe. Legehennen lassen in ihren Leistungen stark nach, denn der Körper wird durch den Blutentzug geschwächt. Die Tiere kommen morgens taumelnd und schlapp von den Sitzstangen, sind träge in ihren Bewegungen und gehen abends erst spät in den Stall. Sie versuchen auch draußen zu bleiben, um sich vor Milben zu schützen. Wenn Jungtiere nicht in ihre Aufzuchthütte wollen und, um zu übernachten, auf den Bäumen sitzen, so ist das ein Alarmzeichen. Eine große Rolle spielen

die Vogelmilben als Überträger der Geflügelcholera, Leukose und Geflügelpest, aber auch der Geflügelpocken.

Fußräudemilben

Die Fußräudemilbe, Fußkrätze- oder Kalkbeinmilbe *(Chemidocoptes mutans)*, ist etwa 0,45 mm groß. Diese Milben sitzen fest unter den Schuppen der Beine und rufen durch ihre ausgespieenen Verdauungssäfte Entzündungen der Haut hervor. Es kommt dadurch zum Zerfall der Epidermis und zur krankhaft vermehrten Zellteilung mit der Bildung abnormer Hornschilder. Aus diesen, aus Milbenkot und Gewebeflüssigkeit entstehen dann oft mehr als 1 cm dicke Krusten an den Beinen. Die Infektion breitet sich oft nur von einer Stelle langsam über den ganzen Lauf aus. Das geschieht so langsam, daß der Befall meist erst bei zweijährigen Tieren sichtbar wird. Althühner übertragen diese Parasiten auf jüngere Tiere. Läßt man eine Henne, auch wenn der Befall nur minimal ist, ohne Behandlung brüten und Küken führen, so bekommen alle Küken ebenfalls diese Kalkbeine. Zuerst werden die befallenen Tiere unruhig. Sie bepicken wegen des starken Juckreizes auffallend oft ihre Läufe. Später sind einzelne Schuppen angehoben, besonders in Zehennähe. Sie verfärben sich weiß. Bei diesem Anzeichen sollte der Züchter bereits Maßnahmen einleiten, nicht erst dann, wenn die Läufe schon dick und krustig sind. Ist es aber soweit gekommen, muß die Kalkbeinkruste mit warmem Seifenwasser abgeweicht werden, bis das Bein wieder glatt ist. Erst danach beginnt die Bekämpfung der Milbe. Ein mehrmaliges Einreiben mit dafür im Handel angebotenen Emulsionen bzw. Salben verhindert, daß die Erkrankung um sich greift. Die Behandlung ist aber keinesfalls nach einer Behandlung abgeschlossen, da die Milbe oft weit unter den Schuppen an den Läufen sitzt, also ein »Höhlenbewohner« ist. Im allgemeinen bedarf es in 4 Wochen 6 bis 8 Behandlungen. Man reibt die Läufe und Zehen insgesamt ein. Auch die anscheinend gesunden Tiere sind vorbeugend mit zu behandeln (vgl. auch Konrad 1985). Federlinge, Flöhe und Zecken werden bei der normalen Tier- und Stalldesinfektion mit vernichtet und treten nur noch selten auf.

Federlinge

Es gibt von diesen kleinen, flügellosen, sehr beweglichen Kerbtieren etwa 40 wirtspezifische Arten, die alle zwischen 1 bis 3 mm lang sind. Sie haben im Gegensatz zu anderen ektoparasitisch lebenden Insekten beißende Mundwerkzeuge. Sie belästigen die Tiere den ganzen Tag, aber auch in der Nacht, so daß diese keine ordentliche Ruhe finden können. Sie legen ihre Eier an den Federwurzeln so dicht am Körper des Huhnes ab, daß sie die notwendige Wärme für ihre Entwicklung erhalten. Die Eireifung dauert 8 bis 10 Tage, die gesamte Entwicklung jedoch etwa 2 bis 3 Wochen. Außerhalb des Wirtes bleiben Federlinge nur etwa 5 bis 6 Stunden am Leben, am Wirt dagegen mehrere Monate. Ein Weibchen kann in wenigen Monaten 120 000 Nachkommen hervorbringen (Hilbrich 1978). Für die Bekämpfung stehen verschiedene Präparate zur Verfügung. Eine Wiederholung der Behandlung in Abständen von 10 Tagen ist bei Befall erforderlich, damit werden die Federlinge erfaßt, die frisch geschlüpft sind. Die Eier der Parasiten werden von den Bekämpfungsmitteln nicht abgetötet. Durch Federlinge können andere Hühnerkrankheiten übertragen und verbreitet werden. Im allgemeinen sind sie aber bei entsprechender Stallhygiene nur noch selten anzutreffen.

Literaturverzeichnis

Autorenkollektiv: Geflügelhaltung – Geflügelzucht. Berlin 1962

Autorenkollektiv: Unsere Kleintiere. 3. Aufl. Berlin 1982

Brandsch, H.: Geflügelzucht. Berlin 1979

Deutscher Rassegeflügel-Standard. München 1974

Düringen, B.: Die Geflügelzucht. 4. Aufl. Berlin 1923

Engelmann, C.: Vererbungsgrundlagen und Zuchtmethoden beim Geflügel. Leipzig · Radebeul 1975

Engelmann, C.: Leben und Verhalten unseres Hausgeflügels. Leipzig · Radebeul 1984

Grasenack, H.: Industriemäßige Geflügelproduktion. Berlin 1981

Gratz, W.: Kleintierställe selbstgebaut. 4. Aufl. 1982

Hartmann, M.: Weiche Schalen fördern Eierfresser. Garten u. Kleintierzucht (B), *17* (1978) 6, S. 7

Hilbrich, P.: Krankheiten des Geflügels. 3. Aufl. Hannover 1978

Konrad, F. M.: Wenn Hühner niesen. Garten u. Kleintierzucht (B), *24* (1985) 10, S. 25

Müller, H.: Geflügelwirtschaft. Radebeul 1964

Müller, H.: Umweltfaktor Licht. Garten u. Kleintierzucht (B), *21* (1982) 6, S. 11

Müller, H.: Wenn sich Hühner behacken. Garten u. Kleintierzucht (B), *24* (1985) 10, S. 22

Pingel, H.: Kleintiere richtig füttern, 5. Aufl. Berlin 1984

Schmidtke, C. H.: Höhere Legeleistungen im Winter durch Lichtregime. Garten u. Kleintierzucht (B), *19* (1980) 2, S. 6

Scholtyssek, S. (Hrsg.): Nutz- und Ziergeflügel. Stuttgart 1983

Standard für Groß- und Wassergeflügel, Hühner und Zwerghühner. Berlin 1979

Zeitschriften:

Geflügelbörse. Leipzig und München 1879 bis 1951

Deutscher Kleintierzüchter. Reutlingen ab 1891

Deutsche Geflügel-Zeitung. Berlin 1951 bis 1963

Geflügelbörse. München ab 1951

Garten und Kleintierzucht, Ausgabe B. Berlin ab 1963

Register